U0133913

国家社科基金重大项目"古籍保护学科建设与基础理论研究"（项目编号:19ZDA343）阶段性成果

中国出版史研究

FANG ZHI KAO WEI KE GAO

瞿宣颖 撰

龙耀华 整理

方志考
未刻稿

图书在版编目（CIP）数据

方志考未刻稿/瞿宣颖撰；龙耀华整理. —北京：中华书局，2024.5

ISBN 978-7-101-16612-5

Ⅰ.方… Ⅱ.①瞿…②龙… Ⅲ.地方志-考证-中国 Ⅳ.K290

中国国家版本馆 CIP 数据核字（2024）第 087497 号

书　　名	方志考未刻稿	
撰　　者	瞿宣颖	
整 理 者	龙耀华	
责任编辑	张玉亮　胡雪儿	
责任印制	陈丽娜	
出版发行	中华书局	
	（北京市丰台区太平桥西里 38 号　100073）	
	http://www.zhbc.com.cn	
	E-mail：zhbc@zhbc.com.cn	
印　　刷	三河市中晟雅豪印务有限公司	
版　　次	2024 年 5 月第 1 版	
	2024 年 5 月第 1 次印刷	
规　　格	开本/787×1092 毫米　1/32	
	印张 9　插页 8　字数 190 千字	
国际书号	ISBN 978-7-101-16612-5	
定　　价	65.00 元	

《方志考未刻稿》手稿及《方志余记》

同治成都物志

同治十二年初知縣李玉宣修纂志作於嘉慶十八年初知王泰

雲乜

毛十六卷為文輿地食貨學校武備職官選舉人物列女

藝文化車誅数十三卷徵道志例之

亲度志普序有云雍正生年修纂四川通志民即邑有志嘗愛

加蓝采輯於成邑事志固偏輯今各州府皆非正志凸所存乜

亲

成都為首邑而輿地志中所之地脈之説至闹為專篇其通

小此據李氏方稿五車萬事费五十徐金其營又如此

《方志考未刻稿》手稿(一)

乾隆邑初志

乾隆二十五年六初主涌鋻修　嘉慶庚辰鋟梓

下卷七地一疆域二建置三賦役四学校五兵制六祥古七選舉八

上官九人物十风土十一以下缺文

按此例已滿百餘卷　府初安志呈志取材通志十之一麦之邑人罷

醴仁中西化間十之三按之旬遺内之采訪共十之六

中多附會之説如云地在順度治度之間故曰重度不知重度自

宗左宗䁔麇之故順度等地名固立度之地

《方志考未刻稿》手稿(二)

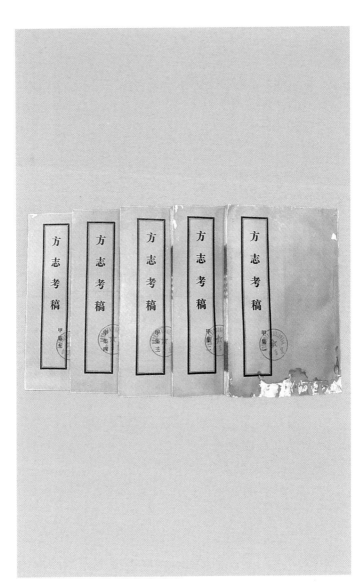

《方志考稿》(甲集) 书影

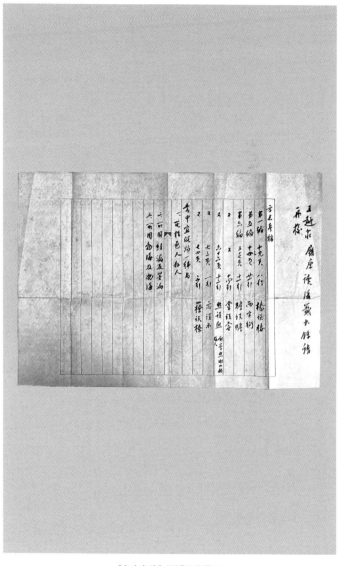

王越在廣座後匿藏小條稿
所録

方志考稿

第一編 十九頁、八行 揭诶楼
又五編 五页、二行 西字街
第六編 三十页 揭诶楼
第□编 三三页 十一行 暉诶暉
又 十□行 暈诶字
又 六十六页 十二行 具祖妪 姉氧血卅卅卅
又 七三页 一行 前謹示 释诶楼
又 七四页 六行 前謹示
青中宜改路稼名
一元作色人私人
二四目紅漏友星湖
三一而用南海及物海

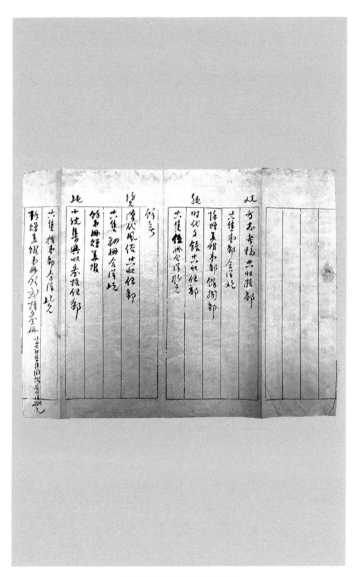

《方志考稿》等著作售赠记录

逕啟者茲聘任

台端為上海市通志館籌備委員會委員

兩祈平日惠會任事藉資益匡益

此致

瞿宣穎先生

張霈

中華民國二十年　月

秘書長　　　　　

二十八

日

聘書

上海市通志館籌備委員會委員聘書

瞿鸿禨傅幼琼夫妇与瞿宣颖、瞿同祖祖孙三代在长沙超览楼前合影

1923 年北洋政府国务院秘书厅任职时的瞿宣颖

晚年瞿宣颖(右一)与友人俞莱山(左一)、
胡温如(右三)等合影于上海桂林公园

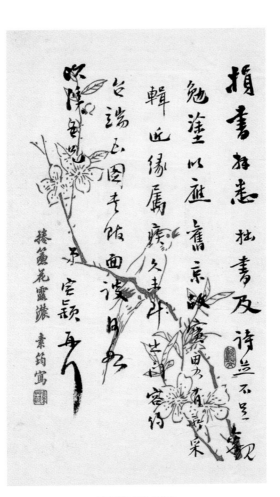

瞿宣颖致张次溪信札

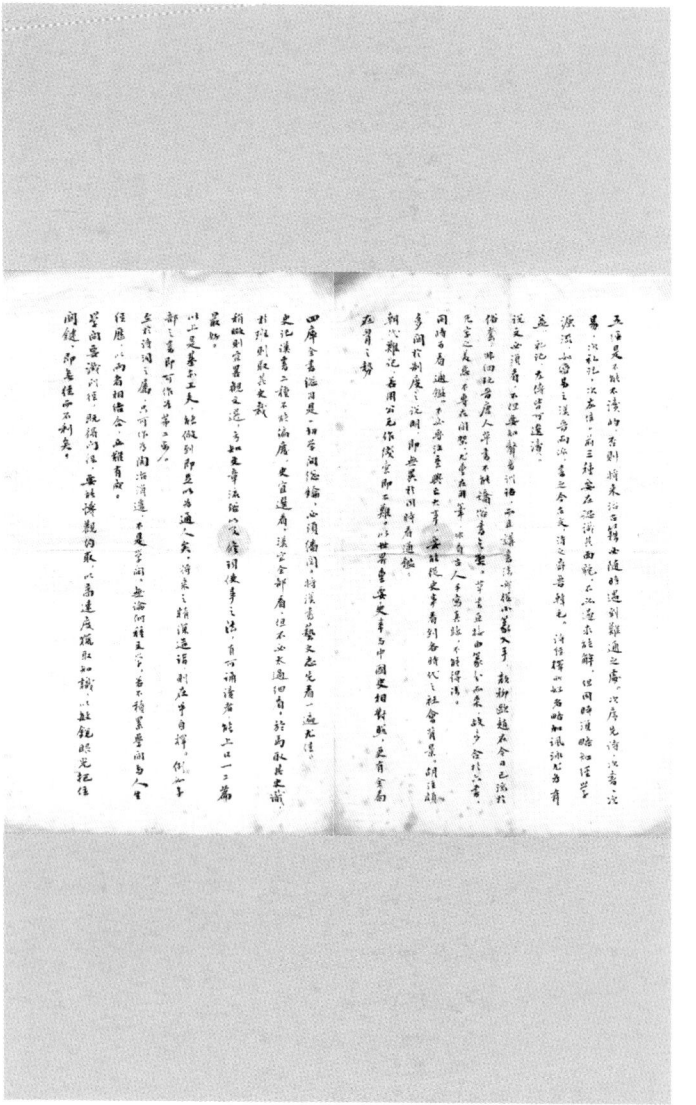

瞿宣颖为弟子俞汝捷所写治学入门提纲

目　录

方志余记

附 录

瞿宣颖《方志考稿》未刻稿述论(代前言)[①]

　　《方志考稿》是我国近代第一部方志目录提要专著，创新了方志提要的体例，"揭开了编制方志提要专目的时代序幕"[②]，也影响了民国时期方志撰修思想和风尚。《方志考稿》(甲集)于1930年付梓，共分六编，包含直隶、东三省、山东、河南、山西、江苏各时期方志共计723种。甫一出版即受到广泛重视，特别是作者对方志优劣的评判标准、方志所含特殊史料的重视，促进了方志学的发展。

　　长沙图书馆藏《方志考稿》未刻稿两册，稿本高32厘米、宽21厘米，纸捻装订，保存完好。两册书衣均有墨笔题"方志考未刻稿"，其中一册右上角署名"瞿兑之宣颖撰"，并有小字标注"共四册，第一册"，另一册内页首页右下角钤有细朱文"张氏萧瑜轩珍藏印"一方。未刻稿二册著录安徽、四川方志182种，具有较高的文献价值。

---

① 本文系2019年度国家社科基金重大项目"古籍保护学科建设与基础理论研究"（项目编号:19ZDA343）的研究成果之一。原载于《图书馆》2021年第9期，有改动。
② 巴兆祥.方志学新论［M］.上海:学林出版社,2004:291.

一、手稿作者简述

(一)跌宕起伏的人生际遇

瞿宣颖(1894—1973),湖南善化(今属长沙)人,字兑之,晚年号蜕园。瞿宣颖"熟谙文史,工于诗词,兼习书画。治学博涉多通,邃于治史,尤精方志之学,于社会风俗、职官制度、秦汉史料、历代掌故及唐人诗文之笺证,均造诣甚深"[①]。

瞿宣颖出身书香世家。其曾祖瞿岱,字镇东,号鲁青。精于绘事,有名湘中,与何绍基、何绍祺、左宗棠等友善。祖父瞿元霖,字春皆,咸丰辛亥科举人,与兄元钧、弟元灿并称"三瞿",曾任刑部主事,与李桓、谭钟麟、陈宝箴过从甚密。有《苏常日记》《天逸道人存稿》传世。父亲瞿鸿禨,字子玖,号止庵,晚号西岩老人。同治九年庚午科举人,次年辛未科进士,星轺屡出,曾任河南、福建乡试主考官,叠掌文衡,历任浙、闽、蜀、苏四省学政。庚子之乱中被授太子少保衔,出任军机大臣,因丁未政潮开缺回籍,辛亥革命后举家流寓上海,逝后谥"文慎",著有《止庵诗文集》《汉书笺识》等。瞿宣颖的母亲傅幼琼、妻子聂其璞均出身名门。

瞿宣颖幼承家学,又得亲聆王闿运、王先谦、曾广钧等宿儒传教,旧学功底非常可比。瞿宣颖12岁考取京师译学馆,后就读于圣约翰大学、复旦大学,接受新式教育和进

---

① 田吉.瞿宣颖年谱[D].上海:复旦大学,2012.

步思想。五四运动消息传至上海，复旦大学学生推定瞿宣颖为大会主席，发布由其起草的《学生联合会宣言》声援北京学生。

瞿宣颖一生经历复杂。早年在北洋政府任职，担任过国史编纂处处长、印铸局局长、国务院秘书长等职。后转而以治学为主，执教于南开大学、燕京大学、清华大学、北平师范大学等高校，参加中国营造学社、北平研究院等学术团体。抗战爆发后滞留北平，更名为"瞿益锴"，出任伪"华北政务委员会"秘书厅长、"北京大学"代理总监督、"国立华北编译馆"馆长等职，留下人生难以抹去的污点。抗战胜利后，易号"蜕园"，"意在忏悔自己走过的弯路，表示要如蝉蜕般告别旧我"①。

瞿宣颖1947年以后流寓上海，后经齐燕铭介绍任中华书局上海编辑所特约编辑，担任徐汇区政协委员，靠笔耕卖文为生。"文革"开始后受到迫害，获刑十年，瘐死狱中，终年八十。"文革"后始获平反。

（二）博通精邃的学术成就

瞿宣颖治学博通，精研文史，勤于著述。周劭先生对他评价极高，认为"本世纪二十年代到七十年代的半个世纪中，中国学术界自王海宁、梁新会之后，够称得上'大师'的，陈、瞿两先生可谓当之无愧"②，将他与史学大师陈寅恪

---

① 俞汝捷. 花朝长忆蜕园师［EB/OL］.［2021-02-26］.http://www.quzefang.cn/2003/ quduiyuan.htm.
② 周劭. 闲话皇帝［M］. 上海：上海书店出版社，1994：113.

并称,二人是一时瑜亮、铢两悉称。

瞿宣颖在秦汉史的研究方面,著有《两汉县政考》《汉代风俗制度史》《秦汉史纂》等。辛德勇教授认为《两汉县政考》"迄至今日,依然没有同类著述,足以取而代之"①。在社会经济史研究方面,瞿氏也有开创之功,著有《中国社会史料丛钞》,顾颉刚在是书之序言中称"中国社会史之著作将造端于是"②。

瞿氏对掌故学颇有建树,出版《故都闻见录》《北京掌故》《同光间燕都掌故辑略》《人物风俗制度丛谈》《汪辉祖传述》《柁庐所闻录》《养和室随笔》《铢庵文存》等著作。陈寒川评价他的掌故笔记"行文简洁,生动亲切,出语诚实,事必有据,可与邓之诚的《骨董琐记》相媲美"③。

瞿氏晚年从事古典文献整理,据不完全统计,陆续出版有《通鉴选》《古史选译》《左传选译》《汉魏六朝赋选》《中国骈文概论》《楚辞今读》《古今名诗选》《李白集校注》《刘禹锡集笺证》等。其中《刘禹锡集笺证》在他去世多年后荣获第一届全国古籍整理图书一等奖,可见其价值。瞿宣颖校订清代黄本骥《历代职官表》,在前加有自撰的《历代官制概述》,在书后附有《历代职官简释》,是研究历代官

---

① 周劭.闲话皇帝[M].上海:上海书店出版社,1994:113.
② 瞿宣颖纂辑,戴维校点.中国社会史料丛钞(甲编)397[M].长沙:湖南教育出版社,2009.
③ 张喆.蜕园往事都成蜕 一代文史大家瞿兑之的人生际遇[J].人物,2010(7):72-75.

制的权威著作。

瞿宣颖尤以方志专家闻名。他曾担任北洋政府国史编纂处处长、河北通志馆馆长，参与北平、天津、河北、上海等地新志修撰，同时在多所大学讲授方志学课程，著有《北平志编纂通例》《北平史表长编》《北京市志稿前事志》《志例丛话》《志例丛谈》等，其代表作《方志考稿》奠定了其在方志学领域的地位。

二、《方志考稿》的编撰与出版

（一）《方志考稿》与天春园藏书

长沙潮宗街瞿宅藏书丰富，藏书之所有超览楼、赐书堂、扶疏书屋、双海棠阁等，其中方志收藏是一特色。瞿鸿禨宦游四方，担任学政时又经常到各地巡考，每到一处喜欢查阅、收集当地方志，"归田以后尚余数巨箧"。瞿宣颖说"自余能识文字，常窃取而翻帑之，乐其易读"[1]。1930年，37 岁的瞿宣颖同时担任多所大学教职，在南开大学、清华大学、燕京大学同时开设"方志概要"课程，有编纂一专门方志书目提要的想法。是年春天，他在天津结识任凤苞，得到任氏的大力支持。《方志考稿》中著录的方志主要来自天津天春园任凤苞藏书。

任凤苞（1876—1953），字振采，江苏宜兴人，银行家、藏书家，1928 年迁居天津。他的天春园积三十年之功，专

---

① 瞿宣颖. 方志考稿（甲集）序 [M]. 天春书社铅印本，1930.

注于方志收藏,被称为"私家藏志之巨擘"①,方志藏书数量和质量在海内首屈一指。1936年出版的《天春园方志目》共收录所藏方志2500余种。张国淦称赞说:"……其精且博有如此。于北则北平图书馆差足伯仲,于南则涵芬楼犹或不逮。至私家庋藏,若吴兴刘氏、杭县王氏,抑非其伦也。"②

特别值得一提的是,与旧时私人藏书家对待藏书秘阁深藏靳不示人,"深锁嫏嬛饱蠹鱼"的做法不同,任氏特别注重藏书的传播利用。他认为"藏书不如读书,一人读不如合同方者读之",襄助方志学家张国淦编著《中国古方志考》,对于"他人有乞借者亦若是,近如北平图书馆,远至滇、黔省志局,凡有所求,靡不应"③。中华人民共和国成立后,任凤苞将珍藏的方志悉数捐献给天津市图书馆。

瞿宣颖在《方志考稿》(甲集)序言中说,任氏"尽出其所藏,恣余检阅……余每至天津则适馆授餐,随义商榷。家居则辇书相就,邮问稠叠。虽糜金费日不惜,惟以促书之成"④。任氏则说:"兑之讲学诸校,借书而读,多废时日。余则发愿尽出所藏,供其研讨。邮递纸墨写官之费,亦余

① 沙彦楷.天春园方志目序[M].任氏铅印本,1936.
② 张国淦.张国淦文集[M].杜春和,编.北京:北京燕山出版社,2000:533.
③ 张国淦.张国淦文集[M].杜春和,编.北京:北京燕山出版社,2000:533.
④ 瞿宣颖.方志考稿(甲集)序[M].天春书社铅印本,1930.

一力任之。"①瞿、任二人"相约成书,刻日为程,然膏不辍",终于在 1930 年 12 月出版《方志考稿》(甲集),当时版权页注明"著作者瞿宣颖,发行者天春书社",由京津印书局印刷,总发售处就设在北京黄米胡同瞿宅和天津法租界任宅。

(二)《方志考稿》编撰思想

乾嘉年间方志之学经学者章学诚等大力倡导,提出了比较完整的方志学理论。清末民初,随着西方史学、地理学和目录学的传播,方志整理研究开拓了新的领域和方法。

余绍宋认为中国"近世以来,政治凌夷,虽屡变而不能中理合度、协于人情",其原因是多方面的。而"秉政者不能深察民俗之所由成,与其所遗传、所蕴蓄、所熏习所演进之迹,任情措置,亦其一端"②。

瞿宣颖提出,中国人之不能认识了解自己民族性的原因在于"无真史",旧的历史不记载全体社会活动之踪迹,只措意少数人物的言行,而方志有益治史,社会制度之委曲隐微不见于正史者,往往于方志中得其梗概;方志多详物产、税额、物价等类事实,可以窥见经济状态之变迁;方志多详建置兴废,可以窥见文化升降之迹;等等。研究方志可以"明其层累之迹、究其感受所由,以渐为改造吾国家

---

① 任凤苞 . 方志考稿(甲集)序二[M]. 天春书社铅印本,1930.
② 余绍宋 . 方志考稿(甲集)序三[M]. 天春书社铅印本,1930.

之指导"。但是方志数量众多,存佚各异,良莠不齐,阅读不便,所以需要编著提要。

《方志考稿》"甲集"序言中说:"若纪氏之提要,则实非浅率之所敢比伦。兹姑承用朱氏之名谓之《方志考稿》,庶几旦夕不填沟壑,留待他日写定云耳。"[①]他自谦不敢名其书曰提要,乃仿朱彝尊的《经义考》定名。在形式上亦借鉴朱氏《经义考》,"余之草此书,仅为随笔笺记之体,以视朱氏《经义考》,虽不敢望其宏博,形式固犹近之。"[②]两册手稿用纸或红或绿,形制不一,尺寸间有不同,盖观书之时随手为记之故。

(三)《方志考稿》版本

《方志考稿》(甲集)笔者目前所见的版本有1930年天春书社排印本、1990年江苏广陵古籍刻印社据天春书社本影印本、1990年上海书店《民国丛书》本等三种。

《方志考稿》(甲集)被收入《民国丛书》第2编第81册中,扉页注明"本书据商务印书馆版影印"。王德恒等著《中国方志学》第529页所列主要参考书目中包括"《方志考稿》,瞿兑之撰,大公报社1930年版"[③],可知此书应该还经商务印书馆及大公报社两次出版。

---

① 瞿宣颖.方志考稿(甲集)序[M].天春书社铅印本,1930.
② 瞿宣颖.方志考稿(甲集)序[M].天春书社铅印本,1930.
③ 王德恒,许明辉,贾辉铭.中国方志学[M].北京:文化艺术出版社,1994:529.

三、《方志考稿》的学术价值及相关研究

（一）《方志考稿》是"我国近代第一部方志目录提要专著"[①]

中国首部馆藏方志专目是缪荃孙 1912 年编制的《清学部图书馆方志目》。随后《国立北平图书馆方志目录》（谭其骧著）、《天一阁志目》（冯贞群著）相继问世，但都仅限于列明简目，著录书名、卷数、朝代、作者姓名、纂修时间和版本年代等基本信息。

方志卷帙浩繁，检阅不易，如何最大限度地对方志的信息进行介绍，找到"地方志内容揭示和读者需要之间矛盾"的最优解？对此，瞿宣颖首创叙录体方志提要，"使读者开卷而了然于其源流所自与其内容所涵"[②]。

（二）《方志考稿》创新了方志提要的体例

瞿氏在该书自序中说："大抵每书必首严其名称，次述其纂修之年月与纂修者之姓名，次述其旧志之沿革，次述其类目，次辨其体例，最后评其得失。尤注意于其所苞之特殊史料。"[③]除此之外往往还略述其地方沿革。

余绍宋称，是书"体裁既佳，考论亦当……为不朽之作"[④]。来新夏在《中国地方志总目提要》序言中称赞《方志考稿》"逐一辨其体例，评其得失，志其要点，录其史料，为

① 林衍经. 方志批评学论略［M］. 北京：方志出版社，2011：56.
② 瞿宣颖. 方志考稿（甲集）序［M］. 天春书社铅印本，1930.
③ 瞿宣颖. 方志考稿（甲集）序［M］. 天春书社铅印本，1930.
④ 余绍宋. 方志考稿（甲集）序三［M］. 天春书社铅印本，1930.

学术含量颇高之目录学专著",民国以后出现了诸多志书提要,多依《方志考稿》体例[①]。

(三)《方志考稿》对方志编修具有指导意义

民国"黄金十年"间,社会基本稳定,经济恢复发展,政府倡导修志,各个图书馆及私人藏书家均广泛收藏新旧志书,方志学研究出现繁荣。《方志考稿》(甲集)就是在这一时代背景中产生的。诸葛计在其编著的《中国方志两千年通鉴》中归纳《方志考稿》(甲集)的功用:一是纠正后来修志者对方志之不正确认识,端正修志态度;二是方便后来修志者比较优劣,找到学习之样板;三是推进方志学之进一步建立。

(四)《方志考稿》开拓了对地方志的研究利用

地方志是以史料见长的历史文献,瞿宣颖尤其注意方志所含之特殊史料。通过提要揭示,便于史学工作者取材,有利于国史之编修,利用方志可以"使秉政者得取以为考镜探索之资","以为他日立法施政之基,而求达乎好恶同民之治"[②]。

《方志考稿》出版不久,日本文献学家长泽规矩也马上向日本国内的研究者做了介绍。他说:"府县志历来多次编修,同一县志也因编纂时代不同而在内容上有所差异,故此不能仅以书名而判断内容。另外,方志还会因体

---

① 来新夏.《中国地方志总目提要》序言[J].中国地方志,2002(1):61-63.
② 余绍宋.方志考稿(甲集)序三[M].天春书社铅印本,1930.

裁而完全不同。去图书馆查阅,如能有记载书名、卷数、编者以及卷次、体裁的解题书,一般就会变得非常方便。为此,专门有一本书叫《方志考稿》(瞿宣颖,甲集,民国十九年十二月天津天春书社铅印本,线装三册,总计约五百页,定价四元)的书,记载了志书中的特殊史料,评论了编纂的得失。"①

当然,《方志考稿》也绝非不刊之论。出版后的次年,民国学者、藏书家徐兆玮在其日记中就指出书中《续萧县志》著录有误,山西大学梁锦秀 1992 年撰文指出"山西篇"中的《康熙保德州志》等四则著录错误。但瑕不掩瑜,《方志考稿》至今仍然高频次地出现在方志学界诸多研究著作中。

四、《方志考稿》未刻稿著录方志略说

经过初步整理,长沙图书馆藏《方志考稿》未刻稿中第一册为安徽省各时期州、府、县志提要,著录 64 种,1847卷;第二册为四川省各个时期州、府、县志提要,著录 118种,2282 卷。合计 182 种,4129 卷。

每种方志的提要除了名称、纂修年月与纂修者姓名、旧志之沿革、类目之外,常常能辨其体例,评其得失,特别注意方志中所包含的特殊史料,着眼于志书的体例类目、

①〔日〕长泽规矩也.支那乡土志调查の参考书[J].书志学,1935（8）:58-59.

资料选用、撰写方法等,评论优劣、得失、长短,客观中允。评价语言精练,反映撰写者的学术涵养与独特个性。

瞿宣颖坚持敢于批评名家名志的传统。例如段玉裁撰《乾隆富顺县志(五卷)》提要中,作者评论:"段氏以积学大师来宰斯邑,听政之暇博考群书以成此志,自异于俗人所为","然观其全书……则仍随事排列,了无史法,实不可为训。惟以建置冠首,而治署别为一目,稍较他志径目官署为建置者为胜耳"。

评说方志的学术视角更广阔,选材、行文、编校各个方面的问题都有关注。如评论《光绪秀山县志(十四卷)》"纂组成文,雅丽可诵,自有方志以来,尟此妙笔也",这是对于此书文学性的肯定;"其货殖一篇,述丹砂、桐油、烟草、石炭之货,皆详其出产时地、制造方法、交易价格,以雅炼之笔,写琐细之事,而无罅漏之弊,非良史不能为也",这是对此志的史笔的肯定。

瞿宣颖特别注重从历史研究的角度关注方志中包含的特殊史料。如《同治高县志(五十四卷)》"卷首录当时颁发章程序言一则,可资掌故",并在文后以四页纸全文抄录了这份《嘉庆十六年编纂四川通志采访条例》;《乾隆保县志(八卷)(写本)》提要中指出"本书边防一志叙金川兵事原起颇详悉";《嘉庆峨眉县志(十卷)(附宣统续志)》提要中提及"艺文中有县人、房县知县张宏昳纪张献忠事一篇,实关一邑掌故";《同治理番厅志(六卷)》"边防中土制、夷俗、夷情诸门颇存故实";《光绪越巂厅志(十二卷）》"武功、边防、土司三篇均足史料"；等等。

著录中重视发现编纂方面的长处和创新、革新的举措。如《同治涪州志（十五卷）》"涪州山川之美，旧志多所引证，其增补者则识于书眉，宋人题字皆摹刻志中，亦创体也"；《光绪增修灌县志（十四卷）》"是编于援引诸书——标注原名，自非率尔操觚者可比，其物产志一门搜罗数百种之多，更为采取群籍，详加注解，亦颇见宏富"；《嘉庆东流县志（三十卷）》"此书注意于绘图之法及沿革之考，皆李氏专长"。

瞿宣颖对于体例失当、内容疏漏、谬误和编纂者的不足等常常秉笔直书。如指出《康熙建德县志（十卷）》"诡立一名曰'通考志'，是诚不知其义何居矣"；《乾隆芜湖县志（二十四卷）》"十八俪事志……其曰俪事志者，指機祥、戎事、勋爵、封荫而言，殊不识体要"；批评《同治郫县志（四十四卷）》"杜诗有'酒忆郫筒'之句，本书物产篇一字未及"；《嘉庆怀远县志（二十八卷）》"方技中所称邋遢张，自即张三丰事，乃略不涉其前后事迹，且不著其所从来，何其轻视民间传说若此耶"。

瞿氏对于传统修志中的流弊非常不满。如他揭露和痛斥徇曲售私行为，于《光绪寿州志（三十六卷）》提要中指出："胪载捐赀修志诸人事迹，可见其仅徇乡曲之意，而未协史裁也。"

瞿宣颖在《光绪庐州府志（一百卷）》中提到"《学部志目》有康熙十二年知府周梦熊修十卷，本书盖尠所因袭也"。他在著录《嘉庆五河县志（十二卷）》时指出："今《学部志目》所存，自康熙李志始。而本书凡例谓微独癸亥以前旧志无存，即癸亥所修志亦鲜有存者，盖搜求未遍也。"可见作者在撰写《方志考稿》一书时，除了凭借任氏天春园所藏之外，对学部图书馆等处收藏方志也是十分了解和熟悉的。另外，《嘉庆怀远县志（二十八卷）》提要页眉标记有"此数语有误，再查"，可见作者严谨治学的态度。

五、《方志考稿》未刻稿的价值

（一）版本价值——补《方志考稿》（甲集）内容之不足

已出版《方志考稿》（甲集）共分 6 编，多位学者在各自的论述中均沿用"约 600 多种"的笼统说法。笔者逐一统计著录种数，第一编直隶 185 种，第二编东三省 24 种，第三编山东 145 种，第四编河南 134 种，第五编山西 128 种，第六编江苏 107 种，共计 723 种。

据《天春园方志目》，所收方志总数达到 2500 多种。《方志考稿》（甲集）只有三分之一。长沙图书馆藏未刻稿 2 册共著录方志 182 种。按照封面作者自署"共四册"的情况估计，另外 2 册尚有近 200 种。瞿氏另有《方志余记》，陆续发表在 1942 年至 1943 年的《中和》月刊，依《方志考》体例著录湖南、湖北、甘肃、云南、广西、山西、安徽、江苏、浙江诸省方志，计有 153 种（长沙图书馆藏有瞿氏剪辑本），可以作为以后《方志考稿》出版乙集的重要资料，对研究民国方志研究不无裨益。

（二）史料价值——研究瞿宣颖的珍贵一手资料

瞿氏身后寂寂，文献零散，零星可见史料多是片纸残篇，相关研究文章，缺乏实物参照。数篇追忆文章是以学生、同事、晚辈的记述为主，由于瞿宣颖的历史问题，加之当时的政治环境，其子女都"与他划清了界线，不再有任何往来"[①]，后人对他的了解并不完整。近年瞿宣颖的许多著作得以出版或再版，但对作者的介绍十分缺乏。复旦大学田吉博士论文撰成《瞿宣颖年谱》，旁搜博采，考论精当，文后附录《瞿宣颖著述目录》，似未提及诸多未刊行的手稿。历经浩劫能够保存至今，长沙图书馆收藏的手稿对瞿宣颖个人及其方志学成就的研究均具有宝贵价值。

（三）艺术价值——传统文人的书法风貌

手稿除 2 页便条以钢笔书写外，均为毛笔小楷。观其书法或行或草，既融北碑之刚，又兼南帖之丽，方笔圆转，气韵纯厚，自成面貌，显示出作者高超的书法艺术修养。

瞿宣颖自幼得益于父母的熏陶，父亲瞿鸿禨书法自不待言，长沙图书馆藏有其《星轺便览》及自作诗手稿，雄劲多姿。瞿宣颖的母亲傅幼琼，河南按察使傅寿彤之女，聪慧多艺，尤以书名。章士钊《柳文指要》中称赞："吾国女流能书，吾见以傅幼琼夫人之汉分为第一。"[②] 瞿宣颖青年时从名宿尹和伯学画，"尹氏擅画，而书法非其所长，题

---

① 金章和.外祖父瞿兑之的人生轨迹[J].人物,2012（4）:73-75.

② 章士钊.章士钊全集(第十卷)[M].上海:文汇出版社,2000:1225.

画往往请兑之代笔。"[1] 瞿宣颖与陈师曾、黄宾虹等交往密切，在书画界颇有影响，润例广告一九四九年前刊登在《古今》《申报》等杂志。郑逸梅称赞："兑之书法遒美，有晋人风，古人所谓'即其书，而知其胸中之所养'，不啻为兑之而发。"[2] 吴宓说瞿宣颖"博学能文，著述宏富，又工书法，善画山水及梅花，合乎吾侪心目中理想的中国文人之标准"[3]。观者可以由此管窥传统文人的风貌。

---

① 郑逸梅. 世说人语［M］. 哈尔滨：北方文艺出版社，2016：68.
② 郑逸梅. 世说人语［M］. 哈尔滨：北方文艺出版社，2016：68.
③ 吴宓. 吴宓诗话［M］. 吴学昭，整理. 北京：商务印书馆，2005：271.

整理凡例

　　一、本书以长沙市图书馆藏瞿宣颖《方志考》未刊稿本为主体。瞿氏已有《方志考稿》甲集行世，虽系排印而非刻本，然本书封面有瞿氏亲题"方志考未刻稿"，故仍据此名之。盖瞿氏笔下刊、刻皆为出版之义，不遑细辨也。

　　二、瞿氏又有《方志余记》，分十六期连载于《中和月刊》，自民国三十一年（1942）元旦起，至翌年年末截止，其内容与本书、《方志考稿》甲集互为表里，瞿氏自藏剪报本亦存长沙图书馆，本书一并收录。此十六期之发表期数为：

　　方志余记一　　第 3 卷第 3 期

　　方志余记二　　第 3 卷第 4 期

　　方志余记三　　第 3 卷第 6 期

　　方志余记四　　第 3 卷第 7 期

　　方志余记五　　第 3 卷第 8 期

　　方志余记六　　第 3 卷第 9 期

　　方志余记七　　第 3 卷第 11 期

　　方志余记八　　第 3 卷第 12 期

　　方志余记九　　第 4 卷第 2 期

方志余记十　第 4 卷第 3 期

方志余记十一　第 4 卷第 4 期

方志余记十二　第 4 卷第 6 期

方志余记十三　第 4 卷第 7 期

方志余记十四　第 4 卷第 8 期

方志余记十五　第 4 卷第 9—10 期

方志余记十六　第 4 卷第 11—12 期

三、《方志考稿》甲集书前有瞿氏自序一篇，以及任凤苞、余绍宋两序，并有凡例一则，对于瞿氏方志学之特点、贡献颇可参考，今据民国十九年天春书社排印本收录，作为本书附录。

四、底本凡有误字或衍文，则用圆括号括去，而以六角括号补出正字或脱文。漫漶不清或原稿空缺之处，以□表示。

五、能通过前后文或其他文献补出缺文或订正原文之处，于必要时酌加注释说明。

六、本书不乏论及少数民族聚居区方志及其中所涉典章风俗沿革等内容，作者于征文考献之际对旧时少数民族蔑称用字多所保留，今悉遵原貌，相信读者自可鉴别。

七、瞿氏手稿于身后星散，即如本书主体之《方志考未刻稿》，稿本封面题有"第四册"字样，而今仅见二册，另外二册尚存天壤亦未可知。海内同好如有该书或其他相关文献之线索，还望赐告，以成合璧，庶免遗珠。

方志考未刻稿

方志考未刻稿一

光绪安徽通志三百五十卷

光绪三年刊本。是书盖经始于同治八年巡抚吴坤修，越九寒暑而成书于中丞裕禄，其时秉笔纂辑者则为素负时望之何绍基也。

皖向无专志，创之者为道光初长沙陶文毅公。又五十余年，值发捻底定，皖中奇材辈出，而适于其时成此巨编，亦云盛矣。

书依旧志体例，分为十大类，于每类下分子目若干，惟多设"列女"一志。其卷一至十三又另立"皇言纪"一门，专载列代诏书。十四至六十为舆地志，六十一至六十八为河渠志，六十九至八十五为食货志，八十六至九十三为学校志，九十四至一百十一为武备志，一百十二至一百四九为职官志，一百五十至一百七六为选举志，一百七七至二百六五为人物志，二百六六至三百三四为烈女志，三百三五至三百四六为艺文志，三百四七至三百五十为杂类志。

康熙安庆府志十八卷

康熙二十二年知府刘樾继前任姚琅修成。

按凡例称：皖乘修于明者为旧志，修于本朝顺治年间者为新志。惟遍检叙例，对前两志修辑之正确年代及主纂者之姓名竟无翔实之记载，是诚不免贻吾人今日之研究方志者以一缺憾也。但据例言中指摘前志疵谬处颇多，或亦以其无当大雅，故略而不详欤？

书凡十八卷，一图考、疆域、星野，二沿革表、职官表，三山川、风俗，四户口、田赋，五物产、城池、公署，六学校、祠祀，七选举，八津梁、乡镇、古迹、寺观，九名宦，十、十一人物，十二列女，十三流寓、仙释、方伎，十四祥异、兵氛、恤政，十五至十七艺文，十八杂纪。

是编于部署门类虽仍不免有可议之处，然于前志所曾援引帝王后妃等滥厕简端既诶且陋，独能毅然予以笔削，只存其事于杂记中，固犹非流俗者之所能为也。

考安庆府置于明洪武六年，领怀宁、桐城、潜城、太湖、宿松、望江六县，清因之云。

道光怀宁县志二十六卷

道光五年知县王毓芳修。前有巡抚陶澍序，时拟修省通志也。

按旧序：顺治辛卯知县贾壮始修，康熙癸丑知县段鼎成、丙寅崔维衡、庚寅知县张懋诚各一修。

凡二十八卷，一沿革，二星野、祥异，三疆域，四城池、五山川,六水利,七物产,八赋役,九风俗,十官署,十一祠祭,十二学校,十三艺文,十四选举,十五、十六职官,十七职官传,十八忠义,十九宦业,二十儒林、文苑,二十一笃行,二十二隐逸,二十三方技,二十四至二十六列女,二十七流寓,二十八释道。较旧志省去八卷。

按其体例有精迥出凡者二焉:曰疆域、道里、津梁、街衢、乡镇本一串事,旧志子目太多漫无头绪,今为先经后纬,由城及乡,周行曲径,纤悉不遗,一邑地图毕具于是,一也;曰山川各有脉络,诸志多错举无序,穷源究委寻讨为难,今仿《禹贡》导山导水之例,循序以求乃无凌杂之患,亦间采佚文缀于其下,比于道元之注《水经》,视他志特为创体,二也。至于废分野而存灾祲,删诗文而存著述,皆见精裁。物产一篇详言制造、运销状况,尤非他志可及。

怀宁立县在晋、宋之间,为晋熙郡治。唐以后遂为舒州及安庆府治也。

民国怀宁县志三十四卷

民国四年知事朱之英等修。

据原志纂修姓氏:顺治辛卯志,知县贾壮创辑;康熙癸丑志,吴邦柱修;康熙丙寅、庚寅志,缺;道光乙酉志,举人江尔维修;同治庚午志,五品卿衔马征庆修,本志盖以道光、同治两志为本也。

书凡三十四卷,一沿革、世表等,二山川等,三乡区,四城池等,五水利,六物产,七赋役,八省县学,九祠祭等,十风俗,十一文艺,十二兵制等,十三职官表,十四名宦,十五、十六选举表,十七忠义,十八仕掌,十九儒林等,二十笃行,二十一隐逸,二十二道艺,二十三官眷、殉烈等,二十四至二十九节孝,三十贤媛等,三十一流寓,三十二释道,三十三祥异,三十四杂纪。

怀宁自晋立县以来为州郡治所,明以来为安徽省治安庆附郭县。故虽一县之志,而一省之政几备焉。本志修于近岁,成于众手,虽卷帙颇丰,而义法多舛。例如其公署一门,古今建置杂然并陈,不分存废。其叙会馆以京师延旺庙街之怀宁会馆与本县各省会馆混列一处,则乖于次第。其表职官兼及巡抚、学政,则乖于界限。又如杂纪中纪王来聘事,云见《明史》列传,实则《明史》并无此文,疏伪类此,未能一一翘举。惟第八卷述书院、考棚之制,向为他志所忽视者,差可取耳。

康熙桐城县志八卷

康熙十二年知县胡必选修。

据序:桐志在顺治十三年,关中石侯从而修之。至是相距仅十余年又有是编,盖亦当时奉行功令之作耳。

凡为卷八,为目二十有六。一图考、建置、星野、疆域、山川、城池、公署、学校,二户口、田赋、风俗、方物、礼制、兵事,三职官、选举、廸封、名宦,四、五人物,六列女、流寓、仙释、古迹、坊表、逸事,七、八艺文。

按凡例称:"旧志为纲有十,为目四十有九,而是集止为目二十有六,照通志近式。"虽云遵例,究嫌散漫无纪,固不若纲举目张之为愈也。

考桐城称县自宋宁宗庆元元年,始隶安庆府,元隶安庆路,明隶江宁府,后改隶安庆府,清因之。

民国潜山县志三十卷

民国九年县人刘廷凤纂。

按历修姓氏:万历丙戌司李王梦旸一修,辛卯知县周师道再修,乙卯知县衷允元三修,顺治癸巳知县郑通元四修,康熙癸丑知县周克友五修,乾隆辛丑知县李载阳六修,万历诸志盖早亡矣。

凡三十卷,一、二舆地志,三至五食货志,六、七学校志,八武备志,九、十秩官志,十一、二选举志,十三至二十人物,二十一至二十六列女志,二十七、八艺文志,二十九、三十杂类志。

元至治三年立县,本无多故实,志多滥载。

同治太湖县志四十六卷

同治十一年知县符兆鹏〔修〕。

据所存旧序,有嘉靖庚申知县王杰、万历甲申知县王大谟、顺治癸巳知县李世洽、康熙癸丑知县王崇曾、康熙癸亥知县章时化、康熙戊辰知县王庭、乾隆辛巳知县吴易峰、道光庚寅知县孙济各修,其成化甲辰、嘉靖癸巳则不甚可考矣。

凡四十六卷,一至六舆地志,七河渠志,八至十食货志,十一至十三学校志,十四武备志,十五、六职官志,十七至十九选举志,二十至三十六人物志,三十七至四十六杂类志。

县为汉皖县地,刘宋元嘉末始置。赵氏、李氏为县著姓,览其进士表可知。

民国宿松县志五十六卷

民国十年知事俞庆澜修。

据本书"先志列传",弘治甲寅知县陈恪始修,壬戌后任施溥补图,顺治十七年知县孙继文再修,康熙癸丑知县朱维高三修,癸丑知县朱卷四修,道光乙酉知县邬正阶五修。陈志久亡,孙志盖即康熙十四年胡永昌所刊,著录学部图书馆,本书称斯编遂不可考,盖失之矣。

据序,尚有同治续稿之未考者,本书所本也。凡五十六卷,一至六地理志,七至十一民族志,十二至十四职官表,十五、六赋税志,十七至十九实业志,二十水利志,廿一学校志,二十二至六选举表,二十七、八武备志,二十九、三十司法志,三十一交通志,三十二至四艺文志,三十六至五十二均列传,五十三至五十五杂志,五十六先志列传。

按其序例,艺文专载书目,而诗文别为文征,政略兼书美刺,先志列传备载前志序列,氏族详著迁松年代,皆合乎正裁者也。新时代之产物,不嫌于全变旧例,如别孔庙于学校之类,是惟仍有分合失宜者,则艺术附于实业之类也。

其书以详为主，要之斟酌群言，网罗散佚，使后之人得此一编而一邑之文献大都在是，固贤者之用心矣。

邑故汉松兹侯国，隋初改今名。

康熙望江县志十五卷

康熙三十四年知县傅光遇修，钱塘吴陈琰纂。

据卷首所刊"县志源流"，其修辑姓氏可考者为正统八年主修知县周镛、编纂教谕冯善，嘉靖十四年主修知县朱轼、编纂邑人龙昳，万历二十二年主修知县罗希益、编纂邑人龙子甲，顺治八年主修知县王世胤、编纂邑人龙之珠，康熙十二年主修知县刘天维、编纂邑人龙燮。后续志康熙二十四年主修知县伊巘、编纂邑人方学仕，盖至是而七修矣，以相距年代如是之近，固不过取旧志而稍加厘订增益，殊无若何其大意义也。

书分十五卷，一图、建置沿革，二星野、疆域、山川、风俗，三城池、江防、乡镇、圩塘、井泉、津梁，四户口、田赋、物产，五职官、名宦、政绩，六公署、仓廪、邮递、养济、漏泽，七学校、选举、祠祀，八古迹、丘墓、寺观、棹楔，九、十人物传，十一灾异、荒政、兵御，十二至十四艺文，十五杂辨。

望江之为县盖自隋开皇十八年始，下迄有清一代，千余年未之或改也。

康熙徽州府志十八卷

康熙三十四年知府安维榑修，郡人赵吉士纂。

按赵氏自序：维棁在官之日，邮致诸书以就吉士京邸，维棁罢官，吉士始竭三年之力以成书也。

据本书修志源流：

《新安志》淳熙乙未郡人知鄂州罗愿纂；

《新安续志》端平乙未教授四明李以申纂；

《新安后续志》延祐己未郡人洪焱祖纂；

《新安府志》洪武丁巳郡人礼部侍郎朱同奉诏纂；

《徽州府志》弘治壬戌郡人都御史汪舜民纂。

凡十八卷，一、二舆地志，三至五官师志，六食货志，七、八营建、恤政志，九至十一选举志，十二至十七人物志，十八杂志。

是书在清初诸志中为最精当之作，盖即其修订之久且勤可知也。略举数善：舆图用开方法，一也；建置沿革表以事系年，上下旁行，若网在纲，二也；职官表注明以升去或以贪酷劾去，犹存直道，二也；不收艺文，四也；沿革表兼载有关各事，而不专记县邑名称之沿革，本为制表之良法，特应正其名曰大事表，而不曰沿革表耳。此体盖仿于《婺源县志》。乾隆《婺源县志》力为表率，乃反为道光《婺源县志》所讥，故知俗见之难化也，积非可以胜是也。

道光徽州府志十六卷

道光七年知府马步蟾修。

卷末有修志源流，录之于左：

梁 《新安山水记》太守萧几撰

《新安记》王笃撰

唐　《歙州图经》

宋　《广记》太平兴国中奉诏纂

　　《新图经》大中祥符中李宗谔奉诏纂

　　《新安志》淳熙乙未郡人罗愿纂

　　《新安广录》嘉定壬午郡人姚源纂

　　《新安续志》端平乙未教授四明李以申纂

至元明以后之志则又未列入，考本书艺文志所载，则有：

元　洪焱祖《续新安志十卷》

明　方信《新安寺补八卷》

　　汪尚《徽州府志二十二卷》

　　朱同《新安志十卷》

　　汪舜民《徽州府志十二卷》

清　赵吉士《徽州府志十八卷》

本书据赵志，即康熙乙卯所修本，而益采各县志及群书以成，每条每举所引来历，但诸志年代均未一及。

凡十六卷，一、二舆地志，三、四营建志，五食货志，六武备志，七、八职官志，九、十选举志，十一至十四人物志，十五艺文志，十六杂记。

其人物传中有朱子世家，沿前志例余，所甄录其众，独徽州工业之重要，如制墨者，独无一言，亦可异也。

乾隆歙县志二十卷

乾隆三十五年知县张珮芳修，刘大櫆纂。

据本书志源：万历三十七年知县张涛始修，天启四年知县戴东旻再修，顺治八年知县宋希肃、康熙二十九年知县靳治荆各续修。

张氏修志前志皆具在，故其凡例云："前志四更，各不沿袭。万历志体裁近史，致启读志公言纷嚣聚讼。天启志易为调停之作，顺治志踸为平近之言，康熙靳志则语尚彫锼、文崇装饰，故有游山纪异之讥。"本志系絜取众长而弃其短，宜其完善冠于诸县，亦由自元季以来县未被兵，文物英华历久不沫，故撰志易于措手也。

凡二十卷，一舆地志，二、三建置志，四官司兵，五、六食货志，七恤政志，八至十选举志，十至十五人物志，十六至十八艺文志，十九、二十杂志。

杂志中拾遗一项颇有异闻。

道光休宁县志二十四卷

道光三年知县何应松修。

本书不载前志源流，惟艺文中有廖腾煃志序云："考休宁初志，肇自海宁。至宏治岁程篁墩太史修之，至嘉靖而奉新宋公修之，又至万历而关中李公修之。自李公至康熙计八十余年，而余又幸遭盛举。"考宋名国华，嘉靖二十四年任，李名乔岱，万历二十九年任。廖志修于康熙癸酉，继之者则乾隆四十九年知县徐日簪也。

凡二十四卷,一疆域,二营建,三学校,四水利,五食货,六恤政,七职官,八兵防,九、十选举,十一仕官,十二至十九人物,二十氏族,二十一至二十三艺文,二十四杂志。

氏族一志以陈定宇《大族志》、曹嗣轩《名族志》为本,而敷之各族宗谱及前人墓志、状传以订其讹,并载其族中名人及宗祠所在,良法美意,独出诸志之上。

道光婺源县志三十九卷

道光六年知县黄应昀修。

按历修姓氏:康熙己酉知县刘光宿,乾隆甲戌知县俞云耕、丙午知县彭家桂,嘉庆丁卯知县赵汝为各一修。

乾隆丙午志乃续甲戌志而作,题曰续编,嘉庆丁卯志则曰丁卯续编,本书于丁卯以前事,仍旧编载,故曰续编。

本书具录乾隆甲戌志凡例甚详,观其沿革表,兼载大事,又以康熙甲寅额、巴二将军所出之告示,证恢复婺源之月日,具见其钩录之勤。甲戌志以后,丙午志及本志仍复多所勘正,后先踵美,有是称也。

凡三十九卷,一至四疆域志,五至七选举志,八、九建置志,十至十二食货志,十三兵防志,十四至三十三人物志,三十一至三十七艺文志,三十八、九通考。

(本书据康熙志录咸淳乙巳知县洪从龙一篇,又嘉靖己亥县人汪思、天启壬戌知县卢化鳌志序各一篇。至光绪志,据"人物传"称,有至正中邑人汪幼凤所著之《星源续志》,及邑人俞元膺所编之《邑志》,别无佐证,是一是二,亦不可知矣。）

光绪婺源县志六十四卷

光绪九年知县吴鹗修。

婺志自乾隆以来历届续编,成规不变而迭相勘补,诚为善法。兹以乱后志板无存,概行重刊,而仍分注某年续编以存其旧,亦可取也。

凡六十四卷,门类悉依前志,小有移易。其道光以后之事则据通志及档册补焉。

同治祁门县志三十六卷

同治十一年知县周溶修。

据旧序,有至顺癸酉汪元相、永乐辛卯蒋俊、万历己亥余士奇、康熙甲子姚启元、道光丁亥马步各修,及是惟道光志存也。

凡三十六卷,一至十一舆地志,十二水利志,十三至十六食货志,十七、十八学校志,十九武备志,二十、二十一职官志,二十二选举志,二十三至三十四人物志,三十五艺文志,三十六杂志。

大历元年,歙州刺史长孙全绪讨平土寇,方请析黟六乡及饶州浮梁地置祁门县,以县东北有祁山也。自咸丰三四年至同治三四年间,寇乱为甚,舆地志已有沿革纪事表,杂志中复有纪兵一篇,详略互见。

嘉庆黟县志十六卷(附道光五年知县詹锡龄增修本)

嘉庆十七年知县吴甸华修。

按其志原一篇略云:"黟志昉自明正德时陈君九畴,万历时王君家光即其旧板增修之,明季兵燹,板与书皆失。顺治时窦君士范重修,康熙时王君景曾续修,乾隆时孙君维龙复修,觅陈志皆不可得,嘉庆甲子,邑人汪树棠始于苏州得之。"

凡十六卷,一图表,二、三地理志,四职官志,五选举志,六、七、八人物志,九至十一政事志,十二杂志,十三至十六艺文志。

附道光五年知县詹锡龄及同治八年知县谢永泰两增修本。前者称续志,后者称三志,皆续增事实,而不变体例,诚良善法也。续志较简,三志则广采咸、同兵事,故卷帙甚丰。

(据同治志称,山,地理志中山川出于俞正燮之手,又自不凡,正燮又增为《黟县山水记》,编入《癸巳类稿》中。)

同治黟县三志十六卷

同治八年知县谢永泰修。

称三志者,继道光乙酉二续编也。区分事目均依前例,其不可续者均不复赘。惟兵事志系新增名目。

凡十六卷,一图表,二、三地理志,四职官志,五选举志,六至八人物志,九至十一政事志,十二杂志、兵事志,十三至十六艺文志。

艺文志末附王文台校正前志之语，谓之志校、志证，其书成以后之访稿，则汇为补遗，附于全书之尾焉。

嘉庆宁国府志三十六卷（民国乙未泾县瞿凤翔景印）

嘉庆十三年知府鲁铨修，洪亮吉、凌廷堪等同纂，继乾隆癸酉志而作也。

据其凡例云："定沿革、疆域、职官、选举为四表，舆地、营建、食货、学校、武备、艺文、人物、杂记为八志。每门中分列细目以次编纂，体例虽变而旧志所载不敢意为去取。"盖修志之初，分聘诸贤，如疆域表、舆地志，则属之洪亮吉，沿革表则属之凌廷堪，食货志、武备志则属之震泽举人沈沾霖，选举表、营建志则属之芜湖举人葛錾。初无总挈大纲之巨手为之裁定，直如行军之人自为战，不统于大将鼓旗也。其体例之乖舛，开卷而可知矣。舆地之志，断不能离沿革、疆域而别行，今沿革、疆域为表，冠于卷端，而舆地志于星野之后，继以风俗，遂于郡土之赓轮、乡社之区域，无一语及焉。此于纂组类书之法且有未协，岂足以言作志之体要哉？

卷三十六有旧志源流一篇，尚未详瞻，节录如左：

（宋）嘉定志（据《地舆纪胜》云，《宣城志》李兼编，郡守赵希远序。希远于嘉定九年守郡，此志即兼所著无疑。）

（明）洪武志（纂修姓氏莫考，《永乐大典》多采辑之）

成化癸巳志（知府刘磐著）

嘉靖癸巳志（同知李默修）

万历癸酉志（知府陈俊修）

（清）顺治丙申志（监军、兵备副使孙登第，知府秦宗尧等同修）

康熙癸丑志（知府庄泰宏修）

乾隆癸酉志（知府宋教修）

宁国府自晋以来为宣城郡，五代时杨吴置宁国军节度，明以来为府，领县六，以宣城为治所，南陵、泾县、宁国、旌德、太平。

嘉庆泾县志三十二卷

嘉庆十一年知县李德淦修，洪亮吉纂。

按旧志源流中所列前代已成之志如左：

嘉定志十三卷　嘉定庚午知县王杺修　据陈振孙《书录解题》

宣德志八卷　宣德元年东安训导、县人左顺修

成化增志十卷　成化丙申训导、领导曹迁增集

嘉靖志十一卷　嘉靖壬子九江知府、县人王廷幹纂

顺治志十二卷　顺治丙申兵宪孙登第修

乾隆郑志四十五卷　乾隆壬申县人郑相如编

乾隆钱志十卷　乾隆癸酉翰林院侍读学士、武进钱人麟纂

洪氏序称王杺所撰志今虽不传，而宣德、成化、嘉靖三志间引之，亦尚十得二三，味其语气似曾见。宣、成、嘉三

志者,检诸家著录则皆无之矣。又云钱、郑二志并修于乾隆十八年,今亦未见。

凡三十二卷,一沿革,二城池,三、四山水,五食货,六、七学校,八书院,九坛庙,十官署,十一古迹,十二金石,十三职官表,十四、五选举表,十六名宦,十七至二十人物,二十一至二十四列女,二十五寺观,二十六艺文,二十七杂识,二十八辨证,二十九旧志源流,三十至三十二词赋。

洪氏于其序中标举宗恉曰:贵因而不贵创,信载籍而不信传闻,大抵所撰诸志皆本斯义,故于历代故城、水道、金石及传闻之讹,或加旧志以驳正,或较元本而益详,独于风俗人物以暨政事条纲,则悉缘旧规,殊尠附益。盖客居秉笔,势有所不得过问,抑亦人有专长,遂忽其所不习欤?

(查洪氏年谱,)洪氏撰此书时已在归田以后,似稍逊佐毕沅幕时所撰西北诸志。张之洞《书目答问》独举此书而遗其他,殆一时误记也。

南陵小志四卷

光绪二十五年知县宗能征撰。

初意本修全志,乃仅成舆地等四篇而去官,故曰小志也。但其凡例系为修全志而设,故民国徐志尚多因之。

凡四卷,一舆地志,二职官志,三列女志,四艺文志。

民国南陵县志四十八卷

民国十三年县人徐乃昌撰。

徐氏自序云："在昔宋淳熙间，有《春谷志》，明嘉靖、万历间，有《南陵志》，厥后修者踵起，首见于顺治丙申，再见于雍正丙午。然阅时既久，顺治志固已久湮，雍正志亦复多缺，惟嘉庆戊辰徐邑侯心田所修县志全帙犹存。光绪己亥，宗邑侯能征复拟兴修，只成舆地、职官、列女、艺文四志。癸丑八月，余邑侯谊密……以余曾撰建置沿革表，爰责以纂修之役。"

按，淳熙志，淳熙十六年知县郭尧撰；嘉靖二志，一戊子知县俞昌言修，一癸巳知县钱照修；万历志，乙酉知县沈尧中修；顺治志，丙申知县杨必达修；雍正志，丙午知县宋廷佐修；嘉庆志，知县徐心田修。均见本书叙录。

按其书中申述旨趣云，大都根据所固有藉存旧志之真，增益所本无裨俟新志之实，而其中事类旧有今无者仍录原文，今有旧无者推广子目，大抵所增加于旧者倍蓰。

凡四十八卷，一至七舆地志，八学校志，九武备志，十至十三营建志，十四至十六食货志，十七、八职官志，十九至二十四选举志，二十五至三十三人物志，三十四至三十九列女志，四十至四十二艺文志，四十三经籍志，四十四至四十七金石志，四十八杂志。其舆地志兼包沿革大事表等。

县为汉春谷县境，梁始置今名。庾信赋所谓"南陵以梅根作冶"，"艺文志"中，郭尧有《申免工山坑冶札子》，是宋时犹有存者也。

顺治宁国县志六卷

顺治四年知县杨名远修，据其自序："从民间得嘉靖时范令刊本，虽世湮事暧，读其纲目颇可借为增润之径。"盖此外则因兵燹频仍，旧志荡然矣。

凡六卷，一天文志、地舆志，二祀典志、政事志、宫室志，三官制志、学校志、人物志，四名臣列传等、宸翰志，五、六艺文志。卷四缺，全书割裂破碎，固不足观也。

按沿革门，"吴孙权分宛陵之南，置怀安、宁国二县，故宁国县之名实始于吴"。自后分隶靡常，而兹编竟无详明之记载，其他概可知矣。

嘉庆旌德县志十卷

嘉庆十三年知县陈柄德修，内阁中书、泾县赵良澍纂。

据凡例，邑旧有《旌川志》，宋李瞻撰，谢昌国为序，其书散佚无存。明有永乐志、成化志、万历志，简断篇残，都无完本。国朝有顺治、乾隆二志。今按李志修于宋绍熙中，见《文献通考》。万历志，万历戊戌知县苏宇庶修。顺治志，顺治丙申知县杨光溥修。乾隆志，乾隆壬申知县李瑾修也。至永乐、成化二志，则无考矣。

凡例又云，顺治志率意而作，繁简失宜。惟乾隆志分门别类，斟酌详明，今特据为定本，略加增损。

凡十卷，一疆域，二建置，三学校，四典礼，五食货，六职官，七选举，八人物，九艺文，十杂纪。

汉陵阳县地，后汉为泾县，孙氏以后为安吴。隋以后复为泾。天宝四载，析设太平。宝应元年，复析太平之麻城乡，置旌德县。明清遂为宁国府属县。

县属万山之中，自唐以来迭被兵革，如王万敌、黄巢、方腊，及嘉靖中倭寇，皆其著者，而志仅于杂纪中略纪数语，实嫌过简。又县之汪、吕诸姓，自宋以来为望族，至今不衰，志亦未尝措意及之也。

杂纪中有宁国府知府佟赋伟康熙五十二年耆民赴京祝暇纪事，实为难得之史料。

末附道光六年知县王椿林所修"道光续志"十卷，其序谓张淏于施宿《会稽志》，汇次嘉泰辛酉以后二十五年之事，作为续编，叙次有法，为舆地之善本。兹因旧志附仙释于典礼，分卓侠于懿行，体制失宜，稍为更易，其他则仍原目，踵加编辑，与前志各目为书，而补遗订误之册附焉。其补前志之遗，若失载王可诚拒方腊事；其订前志之误，若寓贤不当，独载张瑞图，可谓不苟。

此书为民国十四年县人吕美璟重印，末附《两江忠义录》一册。盖自洪杨之乱，藏书煨烬，亟为重印以永其传，保存旧籍，因胜于率尔新修者矣。

康熙太平县志十卷

康熙四年知县陈恭修。据序称："相传有志，一修于明正德庚辰朱令，一修于万历庚辰张令。"然兹编于旧志序例，概删而不录，使吾人无从窥其梗概，或已散佚，无可考与？

书凡十卷,一图书考、建置考、舆地考,二历宦考、秩统考、次舍考,三食货考、禋祀考,四选举考、风俗考,五、六人物考,七至九艺文考,十杂录考。

县自唐天宝十一年始置,永泰中废,至太历中复置。嗣后虽隶属屡更,而县名则均因之云。

光绪贵池县志四十四卷

光绪九年知县陆廷龄修。

据凡例:明以前志无存,今存者顺治丁酉李宪昌志、乾隆乙丑谢锡伯志、道光戊子漆日榛志。谢志盖仅取李志而续之。漆志四十四卷搜罗考证最为详确,本书所据也。其有见于李志、谢志及乾隆府志,而漆志未收者则补入,注曰新增;其采辑者则注曰新纂。又康熙间教授陈以刚所纂之《池阳人物志》,亦有经采入者。

凡四十四卷,一至九舆地志,十食货志,十一学校志,十二武备志,十三至十七职官志,十八、九选举志,二十至四十人物志,四十一艺文志,四十二至四十四杂类志。

康熙建德县志十卷

康熙元年知县高寅修。

按县志始修于正德庚辰,继修于隆庆辛未,再修于顺治壬辰。惟庚辰、辛未两志,据凡例称均罕有存者,此则以壬辰志作蓝本也。

据旧序,建德肇邑于唐,历唐及五代。宋、元或属庐陵,或属浔阳,或饶(州)或池(州),更隶不一。清仍元、明之旧,属池州府。

书十卷,一舆地志,二建置志,三官秩志,四选举志,五食货志,六祀典志,七人物志,八通考志,九艺文志。末二卷缺。

据其凡例,自称"目录概从壬辰旧本",又云:"祀典旧附建置,似觉乱体,今特为一卷。丘墓前后旧志俱无,今查府志,附入通考。"惟礼制见于建置志内;古迹、丘墓不入舆地;仙释不隶人物志,而掺入兵氛、祥异等,诡立一名曰"通考志",是诚不知其义何居矣,抑所谓知其一不知其二耳?

宣统建德县志二十卷

宣统二年县人周学铭撰。

按旧序,正德十五年知县言震一修,隆庆五年知县罗元士再修,顺治八年知县孙兰三修,康熙元年知县高寅四修,乾隆四十二年知县许起凤(四)〔五〕修;道光五年知县陈葵(五)〔六〕修。

本志以乾隆、道光二志为粉本,余志似未见。

凡二十卷,一至三舆地志,四营建志,五食货志,六仓储志,七学校志,八武备志,九祠祭志,十礼仪志,十一至十七人物,十八、十九艺文志,二十祥异、杂纪。

顺治东流县志六卷

顺治九年知县苏弘谟修,教谕杨尚策等纂。

据序:"县人士咸称东流县志在明初未有刻本,其本昉见于正德中县尹李慈谿,再见于万历初邑绅汪维摩,今其版皆亡。"

书分六卷,建设类卷一,疆土类卷二,制赋类卷三,惠政类卷四,实录类卷五,杂纪类卷六。外选县志艺文新集二卷。

东流县始置在南唐开宝、保大间,历宋、元、明无改,清因之,属池州府。

嘉庆东流县志三十卷

嘉庆二十二年知县吴篯修,李兆洛纂。

按旧序:县志始于正德十五年知县李泽,万历二年知县陈春聘县人汪文又修,顺治九年知县苏宏谟又修,乾隆二十三年知县蒋绥又修。

县本汉豫章郡彭泽县地,唐会昌中置东流场,南唐升为县,初属江州,宋太平兴国中改属池州。沿江重戍,古来争战必经也。

凡□卷,一、二为图,三沿革、纪事表,四职官表,五选举表,六疆域志,七山川志,八营建志,九赋役志,十学校志,十一仓储志,十二兵防志,十三祠祀志,十四沟洫志,十五五行志,十六艺文志,十七古迹志,十八良吏传,十九仕宦传,二十乡贤传,二十一忠节传,二十二孝友传,二十三文学传,二十四义行传,二十五隐逸传,二十六耆寿传,二十七列女传,二十八宋贤传,二十九仙释传,三十序录。

此书注意于绘图之法及沿革之考,皆李氏专长,然人物分类未尽袪旧习也。

乾隆芜湖县志二十四卷

乾隆甲戌知县刘瓒修。

册端仅具康熙癸丑知县马汝骁等原修姓氏,自此以前无可考稽矣。

凡二十四卷,一地里志,二建置志,三祀典志,四田赋志,五物产志,六古迹志,七、八职官志,九、十选举志,十一名宦志,十二至十七人物志,十八俪事志,十九至二十四艺文志。其曰俪事志者,指禨祥、戎事、勋爵、封荫而言,殊不识体要。

芜湖在汉为丹阳属县,东晋以后遂为重镇,明以来属太平府。

民国芜湖县志六十卷

民国八年知事余谊密修,县人鲍寔纂。

按卷末"旧志源流",康熙癸丑知县马汝骁、乾隆甲戌知县刘瓒、嘉庆丁卯知县梁启让(各一修)。

凡六十卷,为地里、建置、学校、武备、赋税、政事、实业、古迹、庙祀、职官、名宦、选举、人物、列女、艺文十五志及杂识。

按,嘉庆志乱后稀存,鲍寔尝影印之以广流传,兹复摘撦遗闻、考订旧本,以有是编。所起凡例,如方言则取旧志所载,流传日久今已变易者加以补注;风俗则取《安徽高等审判厅民商事习惯调查会报告》之属于芜湖者附载于末;学校则分为三卷,凡文庙兴废事项列入上卷,凡考试课士事列入中卷,今之教育事项列入下卷;庙祀则增宗祠一门以考氏族;选举则备具科目及各项进身之阶,随载所任官职,不另作仕官表,皆足称者。

芜湖自明成化中设关,光绪二年辟为通商口岸,故本志赋税志中有关税一门,纪述颇详,虽上海志亦不及也。

光绪庐州府志一百卷

光绪十一年知府黄云修,湖北按察使黄彭年、前山西知县汪宗沂纂。

《学部志目》有康熙十二年知府周梦熊修十卷,本书盖勘所因袭也。

凡一百卷,一晷度表,二舆地图,三疆理志,四沿革表,五形胜志,六、七山川志,八风土志,九城署志,十津梁志,十一古迹志,十二冢墓志,十三水利志,十四田赋志,十五恤政志,十六食货志,十七学校志,十八、九祠祀志,二十军制志,二十一、二兵事志,二十三至五职官表,二十六至八名宦传,二十九封爵表,三十至三十二选举表,三十三、四宦绩传,三十五至三十八忠义传,三十九至四十三忠义表,四十四儒林传,四十五文苑传,四十六至四十(八)〔九〕武功传,五十、五十一孝友传,五十二至五十四义行传,五十五隐逸传,五十六艺术传,五十七耆寿传,五十八世族表,五十九流寓传,六十至七十八列女传,七十九至八十三义烈表,八十四贞孝表,八十五至八十九完节表,九十、九十一艺文略,九十二金石略,九十三祥异志,九十四、五志余,九十六至一百淮军战事编。

府志中卷帙之宏,顺天、苏州而外断推此书,盖其时淮军官阀云起龙骧,太半皆隶郡籍,本书封爵、武功、忠义及兵事、战事诸篇,不啻专为淮军而作,物力全盛,乃克有此也。

嘉庆合肥县志三十六卷(民国九年合肥王氏景印)

嘉庆八年知县左辅修。

自叙云:求宋帅李大东及(雍)〔淳〕熙时主簿唐锜所撰《合肥志》,皆久散佚。取雍正八年前令赵良墅编辑者阅之……适国家纂修《三通》,檄取天下方志,太守张祥云主修郡志,而命辅为属邑倡云云(今按:嘉庆庐州府志未见)。

据“学部志目”,有康熙写本十三卷,康熙刊本十六卷。

凡三十六卷,一图说,二沿革志,三疆域志,四山水志,五营建志,六、七田赋志,八风土志,九、十学校志,十一兵防志,十二祠祀志,十三祥异志,十四古迹志,十五艺文志,十六职官表,十七、八选举表,十九世袭表,二十名宦传,二十一至三十列传,三十一至三十五集文,三十六志余。

左氏阳湖文学之英,自异俗裁,沿革志、大事纪其经意之作也,余多袭旧。

光绪庐江县志十六卷

光绪十一年知县钱锒修。

据所存序知,有嘉靖二年邑人王万年、四十二年宛嘉祥,崇祯五年王孙谋,顺治十三年知县孙宏喆,康熙三十七年知县吴宾彦,雍正十年知县陈庆门,嘉庆八年知县张煐,同治十年知县周铭各〔一〕修。其时存者惟雍正、嘉庆两志。兹以嘉庆志为根据也。

凡十六卷,一天文,二舆地,三赋役,四学校,五武备,六职官,七选举,八至十三人物,十四、十五艺文,十六杂类。

康熙无为州志十六卷

康熙十二年知州颜尧揆修,郡人杨交泰等纂。

据凡例称,州志自明正德间郡守吴臻始修之,嘉靖中复修于州守李公,俱莫有存者。万历九年,掌州事府同查志文聘郡人李希稷等重加增修。崇祯四年,庠生季步骐续有成书,方刊旋毁。顺治六年,州守方安民亦聘步骐,纂未就绪。是编则仍取材于旧志及季稿也。

凡十六卷,一建置、沿革、星野、祥异,二疆域、形胜、山川、溪洞,三庐井(坊巷、桥渡、村镇附)、风俗,四城池、兵御、堤防、圩堰、闸坝、芦洲、马厂,五户口、田赋(屯政附)、物产,六职官,七公署,八学校,九选举,十祠祀,十一古迹(庐墓、寺观附),十二名宦,十三人物,十四孝义、节烈,十五隐逸(质行、尚义、词学附)、流寓、仙释、方伎,十六艺文(逸事附)。

考无为之得名,始自三国魏筑无为城。其为州则自元始,领县三。明领县一,是为巢县。清仍之。

康熙巢县志二十卷

康熙十二年知县于觉世修,邑人陆凤腾纂。

据所录旧序,县志始修于弘治壬子知县林宗哲,再修于隆庆六年知县柳应侯,三修于万历壬辰知县马如麟。然在当时已称旧志缺略无多,则至今日殆更散佚无存矣。

书凡二十卷,一图考,二沿革,三星野,四祥异,五疆域,六山川,七风俗,八城市,九田赋,十职官,十一公署,十二胶庠,十三选举,十四祀典,十五人物,十六方外,十七至十九艺文,二十摭遗。

本书风俗、田赋两门记载较详,摭遗搜罗颇富,是其特色,惜艺文几占全书篇幅之半,似未为当耳。

县为宋太平兴国间置,隶镇巢府,即今之巢州。元、明均属无为州。清因之。

光绪凤阳府志二十一卷

光绪二十四年知府冯煦修。

据凡例,旧志康熙四年知府耿继志修,久佚。同治间重修省志,未见此书。今于光绪二十七年得于金陵书肆,凡四十卷。当时凤阳知府辖境与今凤(颖)〔颍〕六泗道略同,故纪凤阳事转多缺略。本书与旧志体例迥不相同,非因而实创也。

按冯氏自序,本书之修实朱孔彰、魏家骅之力。阅三年而后脱稿,魏氏于书之将成始得康熙志也。

凡二十一卷,一图,二晷度表,三、四沿革纪事表,五封爵表,六秩官表,七选举表,八疆域考,九山考,十水考,十一建置考,十二食货考,十三学校考,十四兵制考,十五古迹考,十六艺文考,十七宦绩传,十八人物传,十九列女传,二十杂纪,廿一叙录。

其书以沿革纪事表最为详赡,山水考最为明析。府志虽久佚,而县志固全,故取材尚非甚难也。

嘉庆怀远县志二十八卷

嘉庆二十三年知县孙让纂修。

据志末叙录,万历三十三年,知县王存敬属邑人孙秉阳重修一次。雍正二年知县唐暄再修。让以嘉庆十九年来知县事,至二十二年,李兆洛适来主讲县之真儒学院,爰与商榷,本《凤台志》之体例而恢广之。是志之成,李氏之力为多也。

又按,孙序评骘唐志之语曰:其地舆,则志沿革,而不详列前史,以明建置所因之故;志山川,而不寻其脉络、上考《水经》诸书,以证今昔之同异;志湖塘、堰坝、涧泉、沟浍，而不辨其水利，以策因时便民之政；志古迹，而不备考城戍之区，俾古疆理按籍而皆可论证，犹弗志也。其人物，则志桓氏，而不考诸汉晋诸书；志勋业，而不尽稽诸明代之典要，且缺略过甚；其艺文，则杂采碑、铭、传、状、序、记之文，宜附著本事者，与诗赋同科。其言可谓切中旧志之弊。

书分二十八卷，大概区分为五类，曰志，曰记，曰表，曰传，曰图。卷一至十曰志之属，赋税、学校、祠祭、兵防、仓储、营建、水利、五行、艺文；卷十至十三曰记考之属，一建置沿革，二历代大事，三古城戍；卷十四至十六曰表之属，职官、选举、世袭、封荫；卷十七至二十六曰传之属，一史册、美贤，二孝旧，三列女，四方技，五流寓；卷二十七曰图；卷二十八曰序录。

怀远为涂山所在，封国绵远。春秋以来，介于吴楚。汉代亦介于沛郡、九江之间。而永嘉、建炎两次南渡以后，又介于南北之间，属彼属此，代有迁移。宝佑五年，于钟离置怀远军，县名由此而立。至元废县，以延于今。志云："汴流既湮，则水非津要，而车马之凑，则南走正阳，北趋临淮，无邮传之络绎，民生得以休息无事矣。明末黄河南决，自涡入淮，议迁怀远以避，盖古之所苦者兵，而明之所苦者水。"斯亦县之沿革大要，有以异乎他郡邑者也。

综观全书，于地理沿革、山川形胜最为精详。其于涂山、荆山之附会古迹，辨之甚精。洛水、欠水，引故书以证今道，脉络犁然。而古戍考一篇，一一核其地望，指实其处，虽不敢尽信其书，然执是法以治史地，其必有裨于史迹之保存固矣。盖李氏之学本以史地为专长，而江淮之间尤其宦迹所久经，致力尤邃，非率尔操觚者所能望也。然其地域志，以疆域、山川为主，而证以故书；大事记及城戍考，以古事为纲，而证以今址。彼此互见，虽体例不得不尔，终有失开卷了然之效。使地域之后，即附以此两篇，岂不更胜耶？

本书凡志之属，皆记事为纲，征文为目，实有挈领振裘之效，此其体例之善者。然如学校、祠祭志中，滥录会典，并无纲目；诗文之涉及涂山者，滥附禹庙之后，以致祠祭一篇，遂占全书十分一之篇幅，可谓趾大于胫矣。且风俗不别立篇，而附入学校，亦非体也。

汉晋以还，龙亢桓氏奕叶流芬，闻人代出。至桓玄建国不就，自此始告衰歇，世族绵长，实所罕觏，县之大事此亦一端，故志特立桓氏一传详其原委，可谓知所先务。明初从龙，常氏最显，永乐靖难，朱、李为魁。缘此复立封爵袭荫表以统摄之。且于职官表中，兼入汉代侯国。虽体例不无可议，殆亦因地制宜，所不得已也。

其于人物，则分立英贤、耆旧，盖以旧志采访人物，不容遽没，而又无实在事迹可称，故入之耆旧，借以存其名氏。此亦章氏阙访之意。良吏之不能括入职官表，复不能别立政略以传其实政，盖亦犹此委曲调停之意乎。

至列女占纸两册之多，而方技寥寥一二叶，固属相沿积习。然方技中所称邋遢张，自即张三丰事，乃略不涉其前后事迹，且不著其所从来，何其轻视民间传说若此耶？

原书篇简舛错，行款凌乱，鲁鱼帝虎，触目皆是。盖未及成书，随缮随刊，未及校正之故欤。

康熙定远县志四卷

康熙五年知县徐杆修，邑人苏绍轼纂。

按邑志始修于明嘉靖己未岁，至是百有余年，始行续辑。据序称仅得蠹余旧志二册，繙阅详核，则是邦史实之散佚者必多矣。

迹其目次，为卷一建置、疆域（道路附）、星野、山川（形胜附）、城池、风俗、土产、神祀、官职，卷二学校、选举、武科、里甲、户口（勋田附）、贡赋、惠政、荒政、武备（马厂附）、街坊（庵、镇、集、保、村、店、营、团、庄附）、铺递、津梁（渡附）、寺院（庵观附），卷三宦迹、人物（文臣）、人物（列传）、忠孝、贞节、文学（耆寿方技附）、故迹（故事附），卷四诗文、序。支离琐碎，殊不足与语志之体要云。

邑故秦曲阳县。汉魏因之。定远之称，则自梁改西曲阳曰定远，置临濠郡始。明以后属凤阳府。

光绪寿州志三十六卷

光绪十五年知州曾道唯修。

据本书卷末云，明正统间知州甄谌创修。宏治间州同董豫、嘉靖间知州粟永禄、万历四年知州庄桐、顺治十三年知州李大升、乾隆三十二年知州席苣、道光八年知州朱士达各重修。又同治八年，省通志局行取志稿，修而未刊，亦本志所根据也。

凡三十六卷，一至三舆地志，四、五营建志，六水利志，七、八食货志，九学校志，十、十一武备志，十二至十六职官志，十七、十八选举志，十九至二十四人物志，二十五至二十八列女志，二十九至三十四艺文志，三十五、六杂类志。

寿春为春秋以后楚所徙都之地。后汉扬州刺史治此，盖以滨于淮水，控遏甚便，自是以来，南北常所必争。南朝并以为豫州刺史治所。隋始称寿州。清析置凤台县，与州同城。同治四年徙县于下蔡。下蔡即春秋时之州来，于州隔淮相对者也。

咸丰中苗沛霖之乱，寿州两次被陷，本书据同治志稿叙为纪要一篇，然当时公私记载，绝不止此。杂类志采古今佚闻，而殿之以孙家鼐之书札，亦为不伦。又观其卷末，胪载捐赏修志诸人事迹，可见其仅徇乡曲之意，而未协史裁也。

光绪凤台县志二十五卷（燕大图书馆）

光绪十年知县石成之主修。凤台自雍正十年分寿州置，同治二年移下蔡。前有李申耆撰志，号为名著。按李志分舆地、食货、营建、沟洫、官师、选举、艺文、列传、列女、古迹十篇。石志则分舆地、古迹、沟洫、食货、营建、学校、武备、职官、选举、人物、烈女、艺文十二篇。全书十二册，而列女即占二册之多。又艺文一篇，除悉录李氏所辑《小山嗣音》而外，又附诗稿数种，皆非著作之法也。

光绪凤台县志

光绪十八年知县石成之创修。

凤台分设自雍正十年，尹继善奏划寿城东北一隅为治所，以县北凤台山定县名。

同治二年移治下蔡因州来旧壤也。自县志分设，历三十余年而亢志修，亦越四十余年而李志修。

旧古迹志云：夫山川、都邑、室屋、祠墓，名贤执蠲之所寄，书史图籍之所志，可以见时会之盛衰，地势之险易，陵谷之变迁，政治之得失，风俗之厚薄。以之斟酌条教、风示劝惩，览一隅知天下，其所裨甚巨。故于舆地志外，别出古迹，非徒网罗散失、凭吊俯仰，为风雅之助而已，亦欲使此邦人士知往事留遗，即一树一石皆当贵重保护，如子孙之宝其世守法物然者。

光绪宿州志三十六卷

光绪十五年知州何庆钊修，户部主事丁逊之纂。

按历修姓氏：永乐中知县张敬山、景泰中知州黎用显、嘉靖中知州应照、万历丙申知州崔维岳、康熙戊戌知州董鸿图、乾隆庚午知州王锡蕃、道光乙酉知州苏元璐。自万历以次，旧序均存。又崇祯中，有州人任柔节志稿一卷。

凡三十六卷，一皇言纪，二至四舆地志，五水利志，六、七食货志，八学校志，九、十武备志，十一至十四官爵志，

十五、六选举志,十七至二十人物志,二十一至二十八列女志,二十九至三十五艺文志,三十六杂类志。

本书资实充富、考订详覆,盖庆钊官此州十二年,故能留心于文献也。

康熙灵璧县志八卷

康熙十三年,知县吴嵩修,淮阴汪之章纂,仅传抄本,盖未付剞劂也。

据序称,旧志修万历庚申中,遭寇燹,时至今日殆更不可考矣。是编据其凡例称,系依照部颁《河南通志》式为断,其分类为:一图考,二方舆志,三食货志,四河防志,五秩官志,六选举志,七人物志,八艺文志,末坿外纪。惟全书文笔谫劣已极,亦聊胜于无而已。

按沿革表,县之灵璧名自宋政和中始,属宿州,元以后均仍之。

乾隆颍州府志十卷

乾隆十七年知府王敛福修。

颍州于雍正三年升直隶州,领颍上、太和二县。十三年复升府,辖阜阳、颍上、霍邱、涡阳、太和、蒙城六县及亳州。

本书凡例中有"吕志兼及二县"之语,《学部志目》有顺治刊本二十卷,未知是否。

凡十卷,一舆地志,二建置志,三食货志,四学校志,五秩官表,六名宦志,七选举表,八人物志,九艺文志,十杂志。

颍为水国,河道难明。本书有汝、沙、涡、淝诸水考,冠于简端,然其略已甚。

道光阜阳县志

道光九年前知县李复庆修。

其所存旧序,盖并《颍州志》而计之,则有嘉庆丙申吕景蒙、万历乙巳张鹤鸣、顺治甲午王天民、康熙丙申鹿佑、乾隆乙亥潘世仁诸修,至潘始为《阜阳志》也。

凡□卷,一、二舆地志,三建置志,四食货志,五风俗志,六学校志,七武备志,八秩官志,九选举志,十宦业志,十一至十三人物志,十四至十六列女志,十七至二十二艺文志,二十三杂志。

雍正十三年,升颍州为府,附郭立新县,定今名也。

杂志中录县人风水之说甚多。

光绪颍上县志十二卷

光绪三年知县缪钟汴取同治九年前任都宠锡稿订成。

《学部志目》有顺治十二年知县崔乃慎修十四卷。都氏修志时,盖承兵燹之后,未之见也。据缪氏序云,前人所称张志、瞿志均已不可复得,惟都君任内,本道光六年旧志,附入近年兵事,重加修葺,未及竣事而去。道光志恐亦无存矣。

凡十二卷,一舆地,二建置,三食货,四学校,五武备,六秩官,七选举,八宦业,九人物,十列女,十一艺文,十二杂志。

县在元属汝宁,扬、豫之交,沿革殊纷错也。

同治霍邱县志十六卷

同治八年知县陆鼎敪修。

凡例云:"县志创始于有明,顺治乙未甫议纂辑,稿成而佚。至康熙庚戌始一修,所觐者为前明定本。乾隆甲戌又一修,系仿旧志增之,体例当未妥善。迨道光乙酉,延请常州李敬甫孝廉在局编纂,始为完本。今仍其旧。"按康熙志修于知县姬之篡,乾隆志修于知县张海,道光志撰者李宝琮也。

凡十六卷,一舆地志,二营建志,三食货志,四学校志,五礼仪志,六武备志,七勋爵志,八秩官志,九选举志,十至十三人物志,十四、五艺文志,十六杂志。

兵燹以后,档册无存,道、咸之间,书缺有间矣。

顺治亳州志四卷

顺治十三年知州刘泽溥修,郡人高博九纂。

亳之名由来远矣,自高辛氏都亳,载在史册,时越千祀。中间为国、为郡、为军、为路、为州、为县,建置虽屡更易,然固不失为汲收文化最早之区域也,而人才之产生于斯地者自亦较别处为多。惜明季遭闯献之变,图书悉委诸兵燹，旧志亦因而散佚。举凡是邦之流风遗政，生聚教养诸端，在吾人今日而显究其渐进之迹，若无所凭借，良可慨矣。

是编共分四卷，一郡代纪、版舆图、郡县表、帝系表、秩官表、科贡、建置、田赋、土产，二古迹、学校、典礼、兵卫、村胥、商纪、魏纪、秩官传，三人物列传、忠义传、孝义传、节烈传、方外传、外传，四艺文、诗。

其中，郡代有纪，复益以郡县以表；帝系有表，而更有商、魏二纪，叠床架屋，似未得其宜也。且其所载者，徒事铺张扬厉，如成汤、魏武之纪史，史册具在，固不必多占方志之篇幅，乃津津然乐道之，惟恐其不详。而于风俗、方言，独付阙如，是亦为吾人所不取也。

乾隆太和县志八卷

乾隆十六年知县成兆豫修。

按序，志始于万历甲戌知县刘畇，至顺治十六年，知县陈大纶重辑。

凡八卷，一舆胜志，二食货志，三建置，四历官志，五、六人物志，七礼制志，八艺文志。

凡例云：体例悉仍旧格，其所未载者，依类续增于后，而又将旧文略为修饰，其法盖未醇也。

民国蒙城县志十二卷

民国四年知县汪篪修，邑人于振江纂。

据所录旧序,邑志在有清一代修者凡三:一为顺治乙未知县田本沛,一为康熙丙辰知县赵裔昌,一为同治辛未知县李炳涛也。

本书凡十二卷,卷为一志。曰舆地、建置、河渠、食货、学校、武备、秩官、选举、人物、列女、艺文、杂类是也。

县为春秋楚漆园地,汉曰山桑县,自唐以还,均称蒙城云。

康熙滁州志三十卷

康熙十二年知州余国楷修,郡人潘运皞纂。

滁之有志由来尚矣。自宋淳熙中,法曹龚维藩始辑滁志,迄明初而龚志尚存。永乐四年,知州陈琏据龚志而续修之,勒为二十六卷,厥后再修于弘治癸丑,又修于嘉靖丙申及万历甲寅,及有明一代,踵修者凡四次焉。

本书目次如下:一图考,二建置,三星野,四疆域,五山川,六风俗,七城池,八河防,九封建,十户口,十一田赋,十二物产,十三职官,十四公署,十五学校,十六选举,十七祠祀,十八陵墓,十九古迹,二十帝王,二十一名宦,二十二人物,二十三孝义,二十四妇女列传,二十五流寓,二十六隐逸,二十七仙释,二十八方伎,二十九艺文,三十补遗。而河防、封建仅存其目耳。

滁州之名实始于隋初,旋又为清流县,属江都郡。自唐初复置滁州以还,历宋、元、明、清,均仍旧称云。

又有续志二卷,刊于康熙二十三年知州王赐櫆,其所补辑者,有祥异、城池、户口、漕运、驿传、职官、公署、选举、古迹、人物、艺文等门。

光绪滁州志十卷

光绪二十二年知州熊祖诒纂修。

前志修于康熙十二年,同治中曾因省修通志,奉檄采辑,然未及排纂,稿旋散佚。至是盖已阅二百年,始继成此编也。

书凡十卷,一舆地志,二食货志,三营建志,四职官志,五兵卫志,六选举志,七人物志,八列女志,九艺文志,十方外志。

民国全椒县志十六卷

民国九年知事张其濬修。

据序,康熙初知县蓝学鉴修后久未续修。但据凡例,道光中有韩志,未蒇事而遭寇。同治乱平,金氏续稿,最有功于文献,薛〔葆〕樨得之,重修光绪志,此今志所为依据者也。

凡十六卷,一、二舆地,三山川志,四风土志,五、六食货志,七学校志,八武备志,九职官志,十至十二人物志,十三列女志,十四宗教志,十五艺文志,十六杂志。

康熙广德州志二十六卷

康熙七年知州杨苞修,郡人戈标纂。

据序,州志在有明一代,弘治、嘉靖中均有修辑,然已不可考,惟万历壬子一志在当时尚存。

书凡二十六卷,一图考,二建置沿革,三星野,四疆域,五山川,六风俗,七城池,八户口,九田赋,十物产,十一职官,十二公署,十三学校,十四选举,十五祠祀,十六冢墓,十七古迹,十八名宦,十九人物,二十孝义,二十一列女,二十二流寓,二十三隐逸,二十四仙释,二十五、六艺文。而艺文一门,实占全书篇幅三分之一,其余则具体而微矣。

州故汉广德国地。宋为军。元升为路。明初改路为府,领广阳、建平二县,旋又改府为州,裁广阳入州治,只领县一。清仍之无改云。

光绪广德州志六十卷

光绪六年知州胡有诚修,归安丁宝书纂。

考广德州志在康熙志之后,尚有乾隆壬子知州胡文铨修本,秉笔者为海宁周广业。道光丁未,复有知州裕文增辑本。胡志凡五十卷,裕志则十六卷云。

本书门类悉依胡志之旧,一至五为地域志,六至十五为营建志,十六至二二为田赋志,二三至二四为典礼志,二五至三三为职官志,三四至三七为选举志,三八至四二为人物志,四三至四八为列女志,四九至五六为艺文志,五七至六十为杂志。

凡例称胡志采摭诗文甚多,其无关掌故者,节录其文,删繁就简。而于州经兵燹,一切善后事宜如筹办、垦荒、开矿等各文卷,悉数录入,不厌其烦,颇为有识。

同治英山县志十卷

同治九年知县徐正珂修。

据旧序,始修于康熙甲子知县刘五珑,继修于乾隆丙子知县张海,道光癸未知县陈彦、乙巳知县李文泉。

凡十卷,一舆地志,二河渠志,三食货志,四学校志,五武备志,六职官志,七选举志,八人物志,九艺文志,十杂类志。

舆地志中引前志一条云:九江王英国公墓在英山尖下,茔碑尚存,本志以为疑。疑之诚是也,但茔碑之尚存与否,何难目验之邪?

民国英山县志十四卷

民国七年知事刘镐修。

凡十四卷,大致依前志例,惟以武备为兵防,而增外交、交通、实业、列女四志。

县自同治以后,一遭阮匪之劫,再遭溃兵之扰,文献之缺,有甚于前志焉。

同治盱眙县志六卷

同治九年知县方家藩修,县人傅绍曾纂,续乾隆志而作也。不分门目,随笔札记而已。

光绪盱眙县志稿十七卷

光绪辛卯县人王锡元撰。

锡元自序称：县志明以前不传，今所见者，康、乾、同三志，遗文轶事，尚多失载，爰集同人，参稽考证，成志稿十七卷，较康熙志增十之八九，乾隆志增十之三四，同治志增十之六七，以备异日修志之采择。盖私志也。

凡十七卷，一疆域，二山川，三建置，四田赋，五学校，六军制，七秩官，八贡举，九人物，十列女，十一古迹，十二艺文，十三金石，十四祥祲，十五蠲振，十六兵事，十七杂纪。

本为待定之书，故编次不尽合法要，其胠拾遗文，以俟来者，功有足多，故胜前志之空疏率略，前有方尔谦称许太过。

光绪泗虹合志十九卷

光绪十三年知州方瑞兰修。

泗洪者，泗州与虹县也。泗州久被淮患，至康熙十九年，城没于水。乾隆四十二年，州治迁于虹，而虹县降为乡故也。凡例称，泗志创修于前明学正王庄。继之者天长戴缨、知州汪应轸。康熙二十七年，知州莫之翰重加修辑。时虹令龚起翚亦重修虹县志。洎并虹为志州，州守叶兰始就各志汇纂之，合泗、虹为一书，迄未藏事。今即本诸叶稿而成者也。

凡十九卷，一舆地志，二建置志，三、四水利志，五食货志,六学校志,七武备志,八、九职官志,十选举志,十一、十二人物志,十三至十五列女志,十六至十九杂类志。

泗州本下邳地,后周始立今名。虹州则立自隋,至唐而降为县。雍正三年定泗州为直隶州,辖五河、盱眙、天长三县。其在唐末,徐、泗、濠三州为战伐频仍之地,杜慆辛谠之事,系于此地者甚重,本书仅据《纲目》,略识数语而已。

嘉庆五河县志十二卷

嘉庆六年知县王启聪修。

宋淳熙七年始置县,而志自明始可考。本书卷十二列历修姓氏:弘治癸亥知县姜荣,嘉靖四十年知县潘槐,顺治十年知县丁洛初,康熙十一年知县李云景、二十二年癸亥知县郑鼎,各一修。但凡例则云,创始于天顺二年,续修于正德二年,又修于嘉靖二十九年。今《学部志目》所存,自康熙李志始。而本书凡例谓微独癸亥以前旧志无存,即癸亥所修亦鲜有存者,盖搜求未遍也。本书大抵于前事悉依郑志,而稍加删订。

凡十二卷,一疆域志,二闾里志,三经制志,四、五经制志,六、七人物志,八、九艺文志,十、十一杂志,十二原修姓氏。

光绪五河县志二十卷

光绪二十年知县赖同宴修。

　　凡例云：王志仅存一部，中多残缺。同治五年，因修通志曾饬各属采报，而五河仅以稿本报呈，未刊刻，今已无存。

　　凡二十卷，一至三疆域志，四至六建置志，七武备志，八至十食货志，十一、二官师志，十三选举志，十四、五人物志，十六列女志，十七、八艺文志，十九、二十杂志。自云仿《婺源志》例也。

方志考未刻稿二

同治成都县志十六卷

同治十二年知县李玉宣修。前志修于嘉庆十八年知县王泰云也。

凡十六卷，为天文、舆地、食货、学校、武备、职官、选举、人物、列女、经籍、艺文、纪事、杂类十三志，依通志例也。

嘉庆志旧序有云：雍正壬子续纂《四川通志》，凡郡邑有志皆重加纂集，独于成邑专志未闻编辑，今各州县雍正志所存亦尠矣。

成都为首邑，而舆地志中斤斤于地脉之说，至辟为专篇，其陋如此。据李氏序称，五年蒇事费五千余金，其滥又如此。

嘉庆华阳县志四十四卷

嘉庆二十一年知县董淳修。

华阳自唐乾元中改蜀县为今名，以郡治首邑迄无志乘，是时方修通志，故有是辑也。

凡四十四卷,一星野、二图考、三建置沿革、四疆域、五形势、六山川、七户口、八田赋、九水利、十城池、十一关隘、十二津梁、十三古迹、十四公署、十五学校、十六祀典、十七祠庙、十八风俗、十九兵制、二十铺递、廿一寺观、廿二盐法、廿三茶法、廿四榷政、廿五蠲政、廿六职官、廿七选举、廿八封荫、廿九政绩、三十至三十七人物、三十八陵墓、三十九艺文、四十典籍、四十一金石、四十二物产、四十三补异、四十四杂识。

大体即通志之例,所采诸书皆具来历,蒐辑颇勤。费氏此书实以前任采访稿为蓝本,故每条要别之曰原采、曰续增,续增之稿实多于原稿十倍矣。

嘉庆双流县志四卷

嘉庆甲戌知县汪士侃修。前志修于乾隆癸亥知县黄锷也。

凡四卷,一星野等,二田赋等,三政绩等,四艺文等,门类杂乱。

本汉广都县,隋改今名,取《三都赋》"带二江之双流"句也。洪武、康熙曾两次省并,旋复故。

光绪双流县志四卷

光绪丁丑知县彭琬修。

前志修于乾隆二十五年知县黄锷、嘉庆甲戌知县汪士侃。

凡四卷，不立纲领，如前志之旧。

嘉庆温江县志三十六卷

嘉庆二十年知县沈学诗继前任修成。

据旧序，康熙二十五年知县王瑚敬、五十八年知县鲁应才、乾隆十六年知县冯中存各一修。

凡三十六卷，自星野至外纪，当时通式也。

书殊简略而剖劂甚精。

同治新繁县志十六卷

同治十二年知县李应观修。

据旧序，乾隆八年知县郑方城、嘉庆十九年知县顾俭昌各一修。

凡十六卷，一天文志，二、三舆地志，四食货志，五职官志，六、七学校志，八武备志，九选举，十、十一人物志、十二、十三列女志，十四杂类志、十五、六艺文志。

杂类志中述元末之乱，城中缙绅子弟共余费、雷、陈三姓。又前明豪民王纲、王纪倡议除衙蠹，皆地方史事之重要者。

新繁汉县，隋初省，唐初复置。康熙七年曾省彭县入焉，雍正七年复故。宋梅挚即县人也。

汉为侯国，张瞻师封于此，元康中国除。志据《史》"汉功臣表"为作年表，应题"繁侯年表"，乃误题曰"新繁县建置年表"，殊未审矣。

嘉庆金堂县志九卷（附同治续志七卷）

嘉庆十六年知县谢惟杰修。

凡九卷，一建置志，二疆域志，三山川志，四官师志，五选举志，六士女志，七学校志，八民赋志，九防御志，而以外编琐记为卷末。

县本西魏金渊县地，唐乾亨二年分置金堂，以境内山得名。

附同治续志七卷，同治六年知县陈璞玉修。本仍旧例，其无可增者阙之，故第八卷以下阙焉。

道光新都县志十八卷

道光二十四年知县张奉书修。

张序云："邑向无志乘，乾隆初陈令铦肇纂，求其书不可得，盖未及梓……嘉庆十八年修省志，当事者条缀旧通志，仓卒盈帙以应檄取，讹滥漏脱不一而足。"

凡十八卷，一天文、舆地，二水利、食货、典礼，五学校，六祠祀，七职官，八选举，九、十人物，十一以下艺文，十六以下经籍[①]。

本书注意于订讹传信，所标志贵证据，及列传固贵简核，亦贵详明诸义，实深有鉴于近志之弊也。杨氏父子事迹最详，以《升庵年谱》附入经籍，虽略有未当，固有符于地以人传之义也。

---

① 查该志目录，不列卷三、卷四，卷十八为升庵年谱及杂志。

同治郫县四十四卷

同治八年知县陈庆熙修。

前志修于嘉庆十七年，知县朱鼎臣及邑人盛大器曾修一次。盛氏序云："乾隆十六年知县李馨草创成书，嗣经后任沈芝续修，亦未大备。"盖乾隆两志，嘉庆一志，及道光二十四年重刊嘉庆志也。

凡四十四卷，无目次。凡例云："是编于孙瘦石之《郫书》、税中田之乡旧、范楷堂之笔记及温邑儒士高正干之《蜀镜》，多所取资。"

咸丰九年有李永和、蓝朝鼎之变，与《崇宁县志》可参阅也。

杜诗有"酒忆郫筒"之句，本书物产篇一字未及，盖今产惟有烟叶、草帽矣。

乾隆灌县志十二卷

乾隆五十一年知县孙天宁修。

据序似前尚无撰志者，孙氏奉檄而成是书。

凡十二卷，一封域，二建置，三田户，四学校，五典礼，六储备，七官政，八人物，九选举，十风土，十一艺文，十二杂记。

唐初置盘龙县，寻改曰导江，复移治都安，废治为灌口镇，孟蜀置灌州，元同之，明始降为县。

李冰凿离堆与道家所夸之青城皆此地矣。

光绪增修灌县志十四卷

光绪十二年知县庄思恒继前令修成,训导郑珽山纂。郑序云:"官易五任,岁余四周,于以见灌志顾若斯之难辑。"

前志修于乾隆五十一年,知县孙天宁。又是编卷首有民国三年知县杨端宇补刊灌县志序一篇,盖不过取丙戌以后之获科名者稍事补益,此外则毫无增损也。

凡例云:"灌治系冲繁之区,应志事实颇多,旧志仅列数门,错综编辑,未免嫌于略,而眉目亦欠分明,兹仿通志体例,分门十有四,博引旁征,以类相附。"

其目如次:一天文志,二地舆志,三建置志,四水利志,五职官志,六田赋志,七学校志,八选举志,九人物志,十武备志,十一风俗志,十二物产志,十三艺文志,十四杂纪志。

是编于援引诸书一一标注原名,自非率尔操觚者可比,其物产志一门搜罗数百种之多,更为采取群籍,详加注解,亦颇见宏富。

光绪彭县志十三卷(民国六年重印)

光绪四年知县张龙甲修,举人、县人吕调阳纂。前志修于嘉庆癸酉知县王钟钫也。

观王序称:旁搜博采,二十二史以外若《华阳国志》《元和郡县志》《太平寰宇记》《元丰九域志》、杨慎《全蜀艺文志》、曹学佺《蜀中名胜志》靡不详考,史所不载则求之古人之文集,近事则征诸邑中之俊髦。则旧志之作殊不苟。

本书十三卷,一、二舆地,三民事,四、五治理,六缙绅,七、八褒旌,九、十艺文,十一史记,凡七门,七门之中又分四十六志,更有子目附名等名,第十二卷曰序志,十三卷曰图考,颇为纤琐。

天彭牡丹著于宋代,而物产志无此名,盖徒欲以文字诡僻见长耳。

县本唐彭州,明初降县。

嘉庆崇宁县志四卷

嘉庆十八年知县张大錞继前任刘坛修成。

雍正七年始析郫县地设崇宁,至是始克有志。

凡四卷,无目次,版亦漫漶。

民国崇宁县志八卷

民国十四年知事陈邦倬修。

凡八卷,曰建置沿革门、山川疆域门、食货门、礼俗门、学校门、人物门、艺文门。以视前志,稍觉整齐。

光绪简州续志二卷

光绪二十三年知州易家霖等修,续咸丰二年志而作也。但补前志之遗,其无可补者,存目而已。

凡二卷。

民国简阳县志二十四卷

民国十六年知事余敬继前任修成,县人胡忠阅等纂。

按本书原始篇所存旧序:乾隆五十八年知州刘如基、咸丰二年知州濮瑗各一修,而继之以光绪续志。又据胡序,厥后更有光绪戊戌之王士元《州志稿》六卷及《乡土志稿》十卷,则未梓行者也。

唐初析益州,置简州,明清为散州,隶成都府,简阳则民国改名也。

凡二十四卷,为十三篇,曰天文、舆地、封建、官师、士女、食货、学校、武备、经籍、礼俗、灾异、原始、编年,而士女篇所占卷帙独多,其中特设氏族一门。又诗文存别附卷尾,是征特识。胡氏自云手钞《平泉县逸志》一卷、《简阳志余》一卷、《简州节孝逸事》一卷以备考稽,其勤至矣。

光绪崇庆州志十二卷

光绪三年知州沈恩培修。

据凡例:康熙丙寅创修,曰吴志。越乾隆辛亥,据州人何明礼、江原文献为粉本,续加修辑,名曰杨志。又越嘉庆癸酉,州牧顾尧峰重修。此次增修一仍其旧也。

凡十二卷,一沿革等,二古迹等,三城池等,四学校等,五田赋等,六职官等,七选举,八、九人物,十、十一艺文,十二杂识。

书中于引用旧志处,如三志相同者,题曰旧志;详略小异者,或吴、或杨、或顾,各从其称。

道光新津县四十卷（民国十一年知事吴荣本重刊）

道光八年知县陈霁学修。

前志修于康熙二十五年，知县伦可大。本书凡例云：书仅四十一篇，而载赋役者二十三篇。

本书凡四十卷，自星野至艺文，大致依嘉庆中通式也。

嘉庆汉州志四十卷（附同治续志）

嘉庆十七年知州刘长庚修。

按原修姓氏，万历三十年知州王大才、乾隆十一年知州张珽各一修也。

凡四十卷，芜杂无总目，每卷或短至数叶，然颇有异同。

唐垂拱中析益州置汉州，明以后属成都府。

末附同治六年知州张超等续修二十四卷，虽曰续修，然天文、沿革等类仍不啻别撰一书也。

嘉庆什邡县志五十四卷

嘉庆十七年知县纪大奎修。

据序：康熙二十二年胡令之鸿草创，仅二十余页。五十九年丁令士一得汉州一州三县古总志钞本，采集增修，梗概略具。乾隆六年刘令绍放复加修补，均未及刊刻。十二年史会进爵，始衷辑成书，凡十八卷。

凡五十四卷，自星野以至外纪。据序乃遵嘉庆十六年制府所颁通志条目、格式也。又据其提纲，则以旧志略加辑补而已，有一卷不及两行者。

风俗志中有邪教诱民十术条谕册。

明季之乱什邡被祸甚酷。史志云：前明土著本不应列，念劫难后或从本地逃出，或自远方归来，邑中只得四十九姓、一百十人（本书新识志），亦究史者所不可知也。

又，他志志蚕桑者尚多，从无志养蜂法者，本志独有之。

同治续增什邡县志五十四卷

同治四年知县傅华桂修。

就嘉庆志而续增之。其无可增者以"无增"二字注于下，依样葫芦而已。

道光重庆府志九卷

道光二十三年署知府王梦庚修。

据序及艺文志所载，仅知有明江朝宗郡志一种，盖此志尚为明季乱后创修，其难可想，大抵取材各县所送采访册而已。

凡九卷，一舆地志，二祠祀志，三食货志，四职官志，五学校志，六武备志，七选举志，八人物志，九艺文志。

舆地志中有氏族一篇，极有关掌故，当系根据郡人族谱而成。

乾隆巴县志十七卷

乾隆二十五年知县王尔鉴修，嘉庆庚辰镌。

凡十七卷，一疆域，二建置，三赋役，四学校，五兵制，六职官，七选举，八名宦，九人物，十风土，十一以下艺文。

据凡例：巴渝百余年府县无志，是志取材《通志》十之一，考之邑人罗醇仁《中巴纪闻》十之三，搜之笥箧、得之采访者十之六。

中多附会之说，如云地在顺庆、邵庆之间，故曰重庆，不知重庆自因宋孝宗潜藩之故，顺庆等地名固在后也。

道光江北厅八卷

道光二十四年同知福珠朗阿修，训导宋煊纂。

乾隆二十四年，始以巴县辖境辽阔，割嘉陵江北以重庆府同知驻焉，至是始有志也。

凡八卷，一、二舆地，三食货，四学校，五职官，六人物，七、八艺文。

光绪江津县志十二卷

光绪元年知县王煌修。

按旧序：乾隆三十三年知县曾受一始修，嘉庆九年知县徐鼎立、十七年李宝曾各一续修。曾序云：得前明杨几川、国初龚荀湄二家抄本，则明志犹有存于是时者也。

本书以曾志最详晰，采取独多，体例相仍，惟略去其冗杂者。

凡十二卷,一天文,二地舆,三职官,四赋役,五兵防,六食货,七学校,八典礼,九风俗,十选举,十一士女,十二艺文。末附志存一卷,颇载轶闻。

光绪长寿县志十卷

光绪元年知县张永熙修。前志修于康熙五十四年知县薛禄天也。

凡十卷,一建置,二山川,三田赋,四学校,五祠祀,六职官,七先哲,八选举,九列女,十艺文。

县本明玉珍所置,而明因之。有康熙旧志以为根据,在川省诸县中犹为文献足征者。

光绪永川县志十卷

光绪十九年知县许曾荫修,举人、县人马慎修纂。

按旧序:乾隆四十一年知县张心鉴、道光二十三年知县胡筠各一修。

凡十卷,一、二舆地,三建置,四赋役,五学校,六典礼,七职官、选举,八、九、十人物、杂异。

永川唐县,元废而明复。

光绪荣昌县志二十二卷

光绪十年知县袁杰修。

按历修姓氏:康熙二十六年知县史彰、乾隆十一年知县许元基、同治四年知县文康各一修。

凡二十二卷,一图,二建置沿革等,三山川等,四田赋等,五祠庙等,六学校等,七兵防等,八公署,九职官,十选举等,分类琐碎,无所统摄。

县本唐宋昌州,明置今县。

道光綦江县志十二卷

道光五年知县宗灏修,举人、县人罗星纂。

主道光十五年知县邓仁堃莅任又为增修,仍属罗氏秉笔。同治二年知县杨铭援其例又补修焉。

据凡例:綦志宋元以前不可考,明则有万历丙午志稿,自康熙二十四年至嘉庆十七年,继纂者四,俱未付刻也。

凡十二卷,一星野等,二疆域等,三学校,四祠祀,五兵制等,六职官等,七选举,八人物,九古迹等,十祥异等,十一、二艺文。

綦江本曰綦市,宋属南平军,元置綦江长官司,属播州,明因明玉珍之制置县。志以道光中修《重庆府志》涉及板楯蛮五姓番深致不满,适形其陋。

光绪南川县志十二卷

光绪元年知县黄际飞修。(任目作咸丰,误也。)

按旧序:咸丰元年知县魏崧、嘉庆十一年知县蒋作梅各一修。

凡十二卷,一、二舆地,三营建,四、五祀典,六职官、武备,七礼仪、选举,八至十人物,十一、二艺文。

本书文字无甚可取,而图绘独精。

光绪合州志

光绪二年知县费兆钺修。

按前志凡例云:旧志系邑孝廉邹君？搜集数帙,州牧宋公锦参订所成,刘公桐鉴修付梓,盖乾隆十三年事也。及五十三年知州周澄又以检讨安居王汝嘉,举人、郡人张乃孚所纂稿本重修,故有乾隆两志。本志盖草草增辑,并序而无之。

凡十六卷,一图考、二象纬、三职方、四建置、五食货、六学校、七典礼、八封堵、九官师、十人物、十一选举、十二至十六艺文。

元宪州殂于合州城下,如此史事竟未之及。

同治涪州志十五卷

同治九年知州吕绍衣等修,州人王应元、傅炳墀纂。

按旧志纂修姓氏:康熙庚子邑人刘之益等、甲申知州董维祺、乾隆乙巳知州多泽厚、道光乙巳知州德恩各一修。

凡十五卷,一二舆地、三建置、四五秩官、六典祀、七选举、八至十二人物、十三武备、十四五艺文。而以拾遗志为卷末,又嘉庆教匪之乱,死事者别为义勇汇编。

涪州山川之美,旧志多所引证,其增补者则识于书眉,宋人题字皆摹刻志中,亦创体也。

光绪铜梁县志十六卷

光绪元年知县韩清桂修，县人、礼部主事陈昌纂，奉总督吴棠檄修也。

陈序云：县志之有完书，自道光十一年始，监修者徐邑侯草珊。志称前明邑乘毁于兵燹。乾隆二十九年邑侯莆田郑公留心搜辑，仅刻人物、艺文二志役中止。嘉庆十三年吕邑侯鉴泉复加增纂。考本书职官志，郑名王臣，吕名清，徐名瀛也。又按本书杂记篇，当有康熙中梁士元所撰志末刊者一册。

凡十六卷，一地理、二建置、三食货、四学校、五职官、六选举、七团防、八至十人物、十一至十四艺文、十五附刻、十六杂记。所谓附刻者，录明史张佳允传及清史王恕父子传也，不入人物，未审其意何居。

光绪续修大足县志八卷

光绪元年知县王德嘉修。

邑前志修于嘉庆二十三年知县张澍。其序云："本朝康熙二十五年，荣昌令兼摄大足县事史君彰稍次旧闻，编为一帙。乾隆十五年，邑令李君德续修时曾见史志。"则张志之前更有史、李二志也。

书为八卷，卷为一志。曰兴地、建置、祠祀、典礼、食货、官师、选举、人物是也。

大足置自唐乾元元年，属昌州，光启元年徙州治大足。宋曰昌州昌元郡治。元州、县俱废，入合州。明洪武四年复置,属重庆府。

同治璧山县志十卷

同治四年知县寇用平修。

前志修于乾隆七年知县黄在中,录有原序一通,据云:"卷分上下,目类三十。"

书凡十卷,一舆地志、二食货志、三典礼志、四学校志、五武备志、六职官志、七选举志、八人物志、九列女志、十艺文志。而更有卷首一卷,专载邑中各图,名曰图籍志;末附以杂类志一卷,实为卷十二云。

县始置于唐正德二年,元至元中并入巴县,明成化间复置,清康熙初年曾并入永川县,雍正七年又复设县。

光绪四川定远县志六卷

光绪元年知县姜由范修,举人、县人王镛等纂。

凡例云:定远自雍正八年复县后,明季兵燹,旧志无存。乾隆己亥纂修未成,嘉庆十六年邑副榜何苏、举人何然纂修。道光辛丑拔贡陆之淳续修,同治五年岁贡谭蕴珍再续修。

凡六册,而为六卷,凌杂殊甚。

县于康熙中省入合州,雍正初复置,故有复县之说也。

道光保宁府志六十二卷

道光元年观察黎学锦修,山东史观纂。郡故无志也。

书为卷六十二,为志十。一天文志,二至十六舆地志,十七至二十三食货志,二十四至二十七学校志,二十八至三十一武备志,三十二至三十五职官志,三十六至四十一选举志,四十二至五十一人物志,五十二至五十五杂类志,五十六至六十二艺文志。

郡为汉巴西郡地,自后或称隆州,或曰阆中,名称屡易。元至元十三年始升为保宁府。明属四川布政史司。清因之,领二州七县。

道光南部县三十卷

道光二十九年知县王瑞庆修。

凡例云:县旧无志,康熙二十四年知县黄贞敏汇有抄本,卷帙缺略。今依通志、府志规模重修。

凡三十卷,一天文,二舆地,三至八食货,九学校,十武备,十一至十三职官,十四选举,十五至二十三人物,二十四至二十七杂类,二十八至三十艺文。

本汉充国县,刘宋曰南国,萧梁因改南部。

同治昭化县志四十五卷

同治三年知县曾寅光修。

据序:康熙癸巳邑贡生吴珍奇始纂,越七十三年,乾隆丙午知县李元修焉,道光乙巳知县张绍龄又修焉。

凡四十五卷,实仅四册。为天文、舆地、食货、学校、武备、职官、选举、人物、纪事、杂类十志。

昭化宋改益昌，明以后属保宁府。

末附同治二年知县姜凤仪续补数纸，略记咸丰中滇寇之事。

道光通江县十五卷

道光二十八年知县锡檀修。前志修于康熙三十年知县王松茂、县人李蕃，本书称为李志稿，盖未刊也。

凡十五卷，一天文、二舆地、三食货、四学校、五武备、六职官、七选举、八人物、九艺文、十物产、十一仙释、十二祥异、十三艺文续编、十四白石纪事、十五补遗。

以李志稿与府志补缀成编，简陋可想。第十四卷之白石纪事，检原书未见，不知云何。

道光巴州志十卷

道光十二年知州朱锡毅修。

据序：巴志自宋刘甲清化，前志始厥，后李钧复撰续志，其书皆已久佚，有明一代著录未闻。迄清嘉庆中，因重修通志，始创为志稿上之省局，但仅有写本也。

书凡十卷，一地理志，二、三建置志，四田赋志，五职官志，六选举志，七士女志，八、九艺文志，十杂纪志。而卷首列有州境水道各图，亦颇详明。

州为汉巴郡宕渠县地。后汉永元中，分宕渠北界置汉昌县，即今治也。魏延昌三年始置巴州，隋改称清化郡。唐初复曰巴州，旋又为清化。宋属利州东路，元属广元路，明洪武间曾改州为县，正德十年始复旧称，属保宁府，皆因之。

同治剑州志十卷

同治十二年州人李榕编次。

州志始修于明正德己卯知州李白夫，有杨升庵序一篇。继修于雍正丁未知州李与素，而撰稿者则宜宾杨端也。

书为：一疆域、二山川、三建置、四祠庙、五官师、六赋役、七人士、八列女、九科名、十艺文。而艺文一门实占有全书之半也。

州故梓潼郡地，唐贞观元年始改为剑州，领县八。宋光宗绍熙二年改称隆庆府。元至元间复为剑州，领县二。明嘉靖以后，只领梓潼一县。清初因之，至修志时则已无领县云。

光绪西充县志十四卷

光绪元年知县高培毅修，贵阳刘藩纂。

按旧序：前志康熙六十一年县人、仪征知县李昭治于作令时撰稿。

凡十四卷，一舆地、二建置、三食货、四学校、五祠祀、六官师、七选举、八至十人物、十一古迹、十二以下艺文。

刘氏序文甚美，书则犹人也。

咸丰广安州志八卷

咸丰十年知州王兆禧修,翰林院庶吉士荣县廖朝翼纂。

按旧序:雍正八年知州曹蕴锦刊行邑人王镛撰本。乾隆三十四年知州陆良瑜修,嘉庆二十五年知州吴栻又一修。

凡八卷,一星野、二疆域等、三祠庙等、四选举等、五行谊等、六至八艺文。

宋开宝二年置广安军,明初改县。

同治渠县志五十二卷

同治三年知县何庆恩修。前志修于乾隆三年知县萧鉉也。

萧志所据为七八年前仓卒应檄之钞本,嗣得顺庆府志,中有纪本邑事者,因合而订为一书。嘉庆十七年开通志局,知县王来遴稍加重辑。

本书只就旧本续增新事而已,而虚张卷帙至五十二卷之多,实则每卷或仅数条。

县本古宕渠,唐以后为渠州,明降县,嘉庆十九年自顺庆改属绥定府。

道光大竹县四十卷

道光二年知县蔡以修修。前志盖嘉庆十七年知县瞿琭修而未刊者,盖其时奉文索取,仓卒循例撰成,故多有目无书者。

凡四十卷,名目繁多,实则每卷或止一叶。

唐久视元年初,宕渠地置今县,属蓬州。宋以后属顺庆府,嘉庆十九年改隶绥定。

志据清初王以曜《竹阳记略》称明建文曾居此数年,因为立古帝王志。

道光邻水县志六卷

道光十四年邑人甘家斌修。

据卷首附录前三次修志人名:一为康熙四十六年知县陈觐光,一为乾隆二十二年知县吴秀良,一为知县徐枝芳。而独于徐志不著纂修年月,亦可怪矣。

书凡六卷,为志十有二,曰天文、舆地、建置、食货、风俗、学校、武备、祀典、职官、选举、人物、艺文是也。

邑置于梁大同三年,中间曾两度废县为镇,一在唐宝历元年,一为元至元二十年,而前者复置于大中初,后者则复置于明成化二年,隶顺庆府,清仍之。

光绪岳池县二十卷

光绪元年知县何其泰修。

按旧序:乾隆丙子知县黄克显、嘉庆壬申知县董淳各一修。

凡二十卷,一星野、二建置沿革、三疆域、四田赋、五水利、六食货、七学校、八九祀典、十职官、十一武备、十二三人物、十四列女、十五坊表、十六古迹、十七至十九艺文、二十杂识。

县始于唐万岁通天中分南充、相如二县置。

嘉庆宜宾县志五十四卷

嘉庆十七年知县刘元熙修。前志修于康熙二十五年知县平廷鼎也。元熙取故贡生杨端遗稿增订成之。

凡五十四卷,通志例也。

宜宾为叙州府治,本书盖兼府、县志而一之。

乾隆富顺县志五卷(光绪八年知县陈锡鬯重刊)

乾隆丁酉知县段玉裁撰。

按旧序:嘉靖十九年县人何钟,万历九年知县秦可贞、四十四年知县孙杰,康熙二十五年知府何源濬,乾隆二十五年知县熊葵向各一修。

段氏以积学大师来宰斯邑,听政之暇博考群书以成此志,自异于俗人所为。今按本书山水篇有段氏自撰《中水考》二篇,考雒水之即中水,并厘正《水经注》文而附录其后。又坛庙篇有自撰宋薛翁祠碑,考《宗史隐逸传》之蜀卖酱薛翁,即王应麟《困学纪闻》所称之富顺监卖香薛翁,斯皆推其治小学之精神以治史地,无往而不实事求是也。

然观其全书五卷,一曰建置、疆域、城池、治署、山川,二曰古迹、田赋、户口、盐政、里镇、风俗、防汛、坊表、坟墓、学校,三曰坛庙、官师、宦迹,四曰科第、乡贤,五曰孝义、文苑、列女、祥异、外纪。则仍随事排列，了无史法，实不可为训。惟以建置冠首，而治署别为一目，稍较他志径目官署为建置者为胜耳。

富顺为汉犍为郡江阳县，后周析置富世县，唐初改为富义，宋初避太宗讳又改今名，以县煎盐井升为盐元，升为州，明复为县，属叙州府。

道光富顺县志三十八卷

道光十七年知县宋廷桢修。

凡三十八卷，已变段氏之旧。

同治高县志五十四卷

同治四年知县鳌立榜修。

按旧序：康熙丙寅知县王廷谋、嘉庆十七年知县卢耀各一修。

凡五十四卷，嘉庆间通志例也。本书卷首录当时颁发章程序言一则，可资掌故。

县本唐羁縻高州，洪武中降县，属叙州府。

附　嘉庆十六编纂四川通志采访条例

嘉庆十六年，奉上宪奏准，编纂四川通志，颁发章程序言。查编纂通志一事，必以州县采访为凭，而采访必得之绅者，然后州县不至任怨。一事采访不到，即无以成一县之志；一县志书不到，则无以成通省之志。今特开出志书目录一本，将应采之事，分析注明于目录条款之下，以为格式。由省局专差发府,由府专差发县,县饬令该县印官、教职各留格式查照办理。其有志书而条目不全备者,即照格式将旧志拆散,顺次增入,再查从前志书成于何年,将书成以后数年之事,续行添载,以求完备。即于本地举人、贡生、生员、耆老内,择其学问优长、存心公正者数人,分为四路,使照式采访,另纸写册记载。如该处有司绅士内有能考古证今、辨论是非,以正旧书旧志之误,或该处人而能考据他处之事实者,不妨博收广采,录其文字,列于各条之后。如有古人及近今名公巨卿,并德行足志之人,其碑刻、文字、图像每种拓印赍局。倘该处有实在无凭查考之条,但可阙疑续报,不可随意填写,以至牵混。此外古迹、古碑等类或有新近访出,确实可据,而为旧书所未载者,亦不妨据实添入。该采访汇送该县,该印官教职即督同此数人,在公所秉公互相稽核。另于本地进士、举人、贡生、生员内,公举品望学问最优、众人所信服者一人,令其总核明确,由该县印官教职照式另纸写成志册,序出卷数,完竣日即将总核志册之绅耆姓名出身注明册内,以便省局传取考核,将来列名志末。所有志册,除赍送各宪及省局外,该县即留一分存案,以为自行刻志之底本,则将来各处皆有志书,实一时之盛事也。此系有司应办之事,又系奏准办理之件,该县必须实心实力查办,慎勿耽延时日,致误覆奏进呈日期。如该印官、教职于定限之内未能完竣,轻则记过示罚,重则撤省闲调,以专责成。倘因此而畏难苟安,或托言地方边僻,无可考据,随意登答数条草率了事,以致遗漏舛错,一经查出,或将来呈进御览之日,致彼内廷指驳,取咎尤属匪轻。该有司政绩、名望所系,慎勿视为具文、轻为末务也。

乾隆隆昌县志二卷

乾隆四十年知县朱云骏修。

序云旧有志不衷诸史法,仿武功例为二卷,曰地理、曰人物,以简净胜。

隆庆元年,以巡抚谭纶请以荣昌县之隆桥驿置县。

嘉庆马边厅志六卷

嘉庆十年通判周斯才修。

本唐羁縻驯、騁、浪、滈四州地,元改马湖路,明改府设五长官司,雍正五年省府,留屏山县属叙州府。乾隆二十九年移叙州府通判驻此为厅治。

凡六卷,一天文、二地理、四五人物、六夷民。夷民志中载猓之风俗语言甚悉,并有图绘,可珍也。

道光夔州府志三十六卷

道光七年知府恩成修。

前志修于乾隆十一年知府崔邑俊。崔序云:自正德郡守吴潜创始,万历二年郡守郭棐增修之,康熙二十五年复经郡守吴君美秀、许君嗣印重加考订。

凡三十六卷,自星野以至艺文各位一目,然艺文一项实占全书卷帙三分二以上也。

光绪奉节县志三十六卷

光绪十九年知县曾秀翘修,教谕杨德坤纂。

卷首录有旧序三篇,知前志修于知县郑王选,但不著年月代,殊为不解。

本书目录如次:一星野、二沿革、三形胜、四疆域、五城池、六公署、七山川、八水利、九户口、十田赋、十一灾祥、十二蠲政、十三仓储、十四关梁、十五物产、十六盐茶、十七风俗、十八学校、十九坛庙、二十寺观、二十一武备、二十二武功、二十三驿递、二十四秩官、二十五政绩、二十六选举、二十七封荫、二十八人物、二十九侨寓、三十列女、三十一坊表、三十二纪事、三十三陵墓、三十四古迹、三十五金石、三十六艺文。分门既如此琐碎不堪,其他概可知矣。

县在汉为鱼复,三国蜀汉又改名永安。唐贞观中始更今名,清为夔州府附郭邑。

光绪巫山县三十二卷

光绪十九年知县连山修。

明志已无存者。同治九年水灾,科房崩塌,档案亦复无存。兹以府志为本,略采闻见,附益之耳。

凡三十二卷,叙次亦依府志。

咸丰云阳县志十二卷

咸丰四年知县江锡麒修。前志修于乾隆丙寅知县曹源邦也。

凡十二卷,无纲目。其凡例自云:采访参差,随到随编故也。

同治万县志三十六卷

同治五年知县张琴修。

前有咸丰十年知县冯卓怀序云:"宋赵善赣志,南浦王子申序,新志书佚不传,乾隆十年刘高培所撰万县志略而芜,道光二十八年,龚君珪续修未就,咸丰二年范君泰衡踵之,蒐讨辑缀,二君力焉。卓怀因其稿本芟义掇拾云云。"

凡三十六卷,一天文志、二至二十一地理志、二十二至二十四职官志、二十五至三十五士女志、三十六艺文志。其通行典礼别为典礼备考一书附于志尾。

本隋之万川郡。贞观中置州。明初改县。汉之朐忍故县在此。倚山带江,与夔州同为入蜀门户矣。

咸丰开县志二十七卷

咸丰三年知县李肇奎修,县人、前永清县知县陈崐纂。

据凡例云:旧有乾隆初邑令胡邦盛撰书,至道光年间又有涪州石彦恬、邑人沈廷辉两稿,均未梓行也。

凡二十七卷,一星野志、二建置志、三疆域志、四山川志、五城池志、六公署志、七田赋志、八学校志、九祠祀志,十秩官志、十一选举志、十二兵制志、十三水利志、十四盐茶志、十五物产志、十六政绩志、十七坊表志、十八流寓志、十九仙释志、二十古迹志、二十一寨洞志、二十二茔墓志、二十三纪乱志、二十四祥异志、二十五人物志、二十六列女志、二十七艺文志。每卷或仅一二叶。

县亦汉朐忍县地，蜀汉时置汉丰县，唐置开州，明改县，属夔州。

府志所云寨洞者，指历来居民避兵自卫之地言也。

光绪大宁县志八卷

光绪十一年知县高维岳修。前志修于乾隆十一年知县阎源清也。

阎志仅两册，度亦简陋。本书八卷，为地理、建置、食货、学校、武备、秩官、人物、艺文八纲，规模远胜矣。

唐之大昌县，本有盐井。宋始置大宁监，《寰宇记》称土人以竹引泉，置镬煮盐者也。志于盐厂历史、利弊风俗，道之甚详。

道光龙安府治十卷

道光二十年知府郑存咏修。前志修于康熙二十五年知府陈于朝也。

凡十卷，一天文、二舆地、三食货、四学校、五武备、六职官、七选举、八人物、九艺文、十杂志。

唐宋龙州，嘉靖四十五年置龙安府，乾隆定制，领平武、石泉、江油、彰明四县、松潘卫。在雍正时尚隶龙安，乾隆中改直隶厅，遂分出府境，大抵古汶山夷地。

道光江油县志四卷

道光二十年知县桂星修。

按旧序：雍正五年知县彭阯、乾隆二十六年知县瞿缉曾各一修。嘉庆十七年知县王衡复遵省檄辑稿而未刊，至是始补订而梓行之也。

凡四卷，略依通志门类。

道光四川石泉县志十卷

道光十三年知县赵佥林修。

序云：康熙乙丑前令田公部苗创为志略，仅十四纸。后林公逢春续之，未及成书。乾隆戊寅，姜石贞炳璋始纂辑而梓之。本书凡例讹其编星野于沿革之下，附坛庙于边防之后，其率陋可想。

本书十卷，一天文、二地舆、三食货、四学校、五武备、六职官、七选举、八人物、九杂志、十艺文。

唐初立县，属茂州。嘉靖以后为龙安属县。县境有白草、青片二番族，康熙中虽革土官，而番民盖未全同化也。

同治彰明县志五十七卷

同治十三年知县何庆恩修，陇西李朝栋、邑人吴士樏同纂。

凡例云："前志略创始于乾隆二十八年陈献可先生,共成十卷,分五十一类,计一百二十一篇。所分门类多与通志及现奉颁发章程不合。道光丁未,牛公雪樵因为补纂,成稿五册,未订付梓,遂升任去。嗣杨公雨臣、王公画堂,皆谋刊未果,经兵燹后,缮稿无存,惟原纂草册尚存。今奉文续修,检阅前稿,其轶讹尚多,不能不为补阙订误。"则是编实即牛志也。又本书号称五十七卷,所实有者只四十四耳。据其凡例云："各门皆彰邑所无,故统列名目于各卷,下书'无'字,以昭定式而杜妄增。"殊不知既为彰邑所无,妄增抑何自而来?既曰以昭定式,则无者应予以删削,如此支离矛盾,殊堪失笑。或各门本为牛志所有,因兵燹以致散佚,号称续修者又无力为之补辑,故仍任其残阙,而故作此支离不经之谈欲以欺世盗名,乡曲竖儒欲盖弥章,亦可怜矣!

兹为述其现存之目次如左:一星野志、二图考志、三建置沿革志、四疆域志、五形势志、六山川志、七堤堰志、八户口志、九贡赋志、十城池志、十一关隘志、十二津梁志、十三古迹志、十四公署志、十五学校志、十六祀典志、十七祠庙志、十八寺观志、十九风俗志、二十营制志、二十一至二十三阙、二十四铺递志、二十五至三十一阙、三十二蠲政志、三十三仓储志、三十四职官志、三十五选举志、三十六封荫志、三十七政绩志、三十八武功志、三十九人物志、四十孝友志、四十一行谊志、四十二仕宦志、四十三忠烈志、四十四列女志、四十五隐逸志、四十六流寓志、四十七仙释志、四十八阙、四十九陵墓志、五十阙、五十一经籍志、五十二金石志、五十三土产志、五十四祥异志、五十五阙、五十六外纪志、五十七艺文志。其阙者为屯田、边防、驿传、土司、屯练、钱法、木政、榷政、方伎、僭窃、杂识、茶法、盐法诸志是也。而其所称为一卷者，大率占纸一二叶，亦陋之至耳。

县在汉为涪县，至后唐始改称彰明，宋元因之，明隶成都府，嘉靖末改隶龙安，清因之。

咸丰冕宁县志十二卷

咸丰七年广文李昭纂修。其职官、人物、艺文诸门，各有续纂若干条，则出于光绪十七年知县林骏元重刊时增入者也。

其凡例称：县志向无刻本，嘉庆十七年，蔡明府诏九因修省志奉札采访，始有草稿一本。道光七年，书明府硕农因蔡志而增之，存有草稿五本。是编依蔡志者十之二，依书志者十之六云。

凡十二卷，为志亦一十有二。一天文、二舆地、三食货、四典礼、五建置、六职官、七人物、八选举、九风俗、十边防、十一物产、十二艺文，卷末附有夷歌、杂识、外纪数则，颇为可珍。

邑在汉为台登县。隋唐之间曾为蛮寇所据。宋时羁縻，属于大理。元时内附为州。明洪武间又改为卫。清雍正六年始置冕宁县，属宁远府云。

道光绥靖屯志十卷

道光五年冕宁县典史、管屯务李涵元撰修,华阳举人潘时彤纂,嘉庆间檄修通志时旧稿也。屯本用兵金川时所置阿尔古厅,乾隆四十四年改绥靖屯,属懋功厅。

凡十卷,一天文、二舆地、三建置、四田赋、五祀典、六职官、七风俗、八边防、九艺文、十杂识。

虽边隅之书,而刊印颇精,文字亦不芜蔵。

同治会理州十二卷

同治九年知州邓仁垣修,县人、举人吴钟仑纂。

按旧序:雍正九年知州罗国珠、乾隆六十年知州曾澓哲各一修,罗志盖无刊本。

凡十二卷,一封域志、二营建志、三祀典志、四秩官志、五选举志、六人物志、七武备志、八礼仪志、九赋役志、十风土志、十一艺文志、十二杂纪志。

唐为嶲州会川县,寻没于南诏。元置会川路,所领有会理州。明为会川卫。雍正六年移会理州治会川卫,卫遂废焉。当金沙江流域。咸丰十年滇寇之乱,州陷焉。

光绪越嶲厅志十二卷

光绪三十二年同知孙锵修。

光绪丁丑,厅人马忠良有手稿四卷,其子枬又继成为兹编。所依据忠良稿称原纂,枬稿称续纂,孙氏所编则曰新增也。

凡十二卷,一舆图等、二沿革等、三方物等、四公署等、五学校等、六兵制等、七职官、八选举、九圣迹等、十风俗、十一祥异等、十二艺文。

厅本汉越嶲郡之阑县,唐末陷南诏,明置越嶲卫,雍正六年改厅。

嘉道间夷人叛复不常。同治元年石达开经此而败。本书武功、边防、土司三篇均足史料。

乾隆雅州府志十六卷

乾隆四年,知府曹抡彬继前任张植修成。据序称:尚有前牧马君、杨君所存志稿,仅得其崖略,而编未就也。

本书都为十六卷,一序例、图考等,二星野、建置等,三城池、古迹等,四赋役、户口等,五盐政、风俗等,六礼仪、祥异等,七学校、名宦等,八秩官、流寓等,九选举、仙释等,十兵制,十一土司,十二西域礼坛,十三夷律,十四至十六艺文。

按隋代始设雅州及名山、荥经、芦山三县,其后因革不一,迄清雍正七年升州为府,又改天全司为州,黎大所为清溪县,并隶于府,实领一州四县云。

光绪名山县志十五卷

光绪十八年知县赵懿纂修。

据序:前志修于康熙季年知县徐元禧,为书共三十六卷,然已佚而不传云。

书为卷十五,为目三十有四。兹举其大略如下:一星野建置等、二山原关隘、三水道津梁、四五学校、六坛庙、七寺观古迹等、八物产、九风俗祥异、十户口田赋等、十一兵防典制等、十二三职官选举等、十四列传、十五外纪。

邑故汉嘉县地,隋开皇中改曰名山,唐宋均属雅州。元属嘉定府路,明复隶雅州,清改州为府,县仍隶焉。

康熙芦山县志二卷(写本)

康熙己亥知县杨廷琚修,县人竹全仁纂。

芦山隋县,而以沦陷蕃疆,文献凋零。黄庭坚《绿菜赞》刻石于此,此县之故实也。

本书虽汇为两册,未分纲目,盖未定之稿耳。

嘉庆乐山县志十六卷

嘉庆十七年知县龚傅黻修。

乐山古嘉州地也,自清雍正十三年升嘉定州为府,始设乐山为附郭县。其间七十余年,尚未有专志,创之者实自此始云。

本书卷一为图考,卷二为舆地,卷三为建置,卷四为食货,卷五为祀典,卷六七为官师,卷八、九为选举,卷十、十一为人物,卷十二至十五为艺文,卷十六为外纪。

同治嘉定府志四十八卷

同治二年知府朱庆镛修。前志修于嘉庆八年知府宋鸣琦也。

凡四十八卷，为星野、方舆、营建、赋役、职官、选举、宦迹、人物、艺文九志。其第四十八卷杂著中征引颇富。

唐宋嘉州，庆元中以宁宗潜藩升嘉定府，明降为州，雍正十二年后复故，治乐山，领县七：〔乐山〕、峨眉、洪雅、夹江、犍为、荣、威远。

嘉庆峨眉县志十卷（附宣统续志）

嘉庆十八年知县王燮修。

前志修于乾隆五年知县文曙。兹编于是年以前多从旧志，是年以后则多本之郡志也。

凡十卷，一方舆、二建置、三食货、四典礼、五官师、六选举、七人物、八祥异、九艺文、十杂著。

艺文中有县人、房县知县张宏畎纪张献忠事一篇，实关一邑掌故。

关于峨眉山之志乘，自明以来有张庭之《岷峨志》、袁子让之《峨眉凌云二山志》、张能鳞之《峨山志》、蒋超之《峨山志志余》、曹熙衡之《峨眉山志》。

附宣统续志，宣统三年知县李锦成修，即依前志体例，补其未备，续以后事。

嘉庆夹江县志十卷

嘉庆十六年知县王佐修。

据序：前明张副使庭、宿光禄进所撰，今皆无存，惟存康熙间邑令李大成所纂。兹盖因旧志而增损之也,自云增入甚多,今观之简陋殊甚。

凡十卷,一图考志、二方舆志、三建设志、四赋役志、五祀典志、六秩官志、七选举志、八人物志、九列女志、十艺文志。

夹江汉南安县,唐属眉州,宋以后为嘉定府属县。

嘉庆犍为县志十卷

嘉庆十九年知县王梦庚继前任修成。前志修于乾隆中知县沈谨庵,至是盖相距廿余年耳。

书凡十卷,即为十志,曰图考、方舆、建置、食货、祀典、官师、选举、人物、艺文、丛谈是也。

县为汉犍为郡所属南安县之南境。隋开皇中始置犍为县,旋分县地置玉津县,均隶犍为郡。宋乾德四年,省玉津县,并入犍为。元明以降,则属嘉定府云。

乾隆威远县志十卷

乾隆四十年知县李南晖修。

序云:自明中叶以还二百余,邑乘竟无修者。晤邑学生沈君璋,获前朝抄本一卷,书旧志纂修姓氏,有知县汪鲸名,殆即是也。

凡十卷①,一天文,二地理,三建置,四官师,五食货,六

---

① 原文如此,查原志应为八卷。

典礼,七人物、艺文。

光绪潼川府志三十卷

光绪二十三年知府阿麟修。

旧志原有康熙间所修之州志,据序称已佚而不传。雍正十二年改州为府后,至乾隆乙巳又有张鹤坪太守辑《潼川府志》一书,则是编之前志也。

书凡三十卷,为志十,一至十舆地,十一、十二食货,十三、十四学校,十五选举,十六经籍,十七纪事,十八武备,十九、二十职官,二十一至二十六人物,二十七至三十杂志。

据凡例称,张志仿明唐枢撰《湖州府志》例,分土地、人民、政事三门,而此则准班书十志体裁,更酌以通志成法,以及康对山《武功志》、李元度《平江志》诸例,亦间有取法,故其离合去取,亦颇异于寻常矣。

郡故汉广汉郡郪、广汉二县地,自汉以还或称新城,或曰昌城。隋开皇末改曰梓州,后又改为梓潼郡,至宋始为潼川府。元因之。明洪武九年降为州。清雍正十二年,复升为府,领县八,曰三台、射洪、盐亭、中江、遂宁、蓬溪、安岳、乐至是也。

道光中江县志八卷(附同治补遗)

道光十九年知县杨需修。

据旧序:康熙五十一年知县李维翰、乾隆五十二年知县陈景韩、嘉庆十七年知县陈此和各一修。

凡例称康熙、嘉庆二志门类繁芜,乾隆则分土地、人民、政事三纲,而子目又多汇合。兹编仿《巴州志》,为地里、建置、田赋、职官、选举、士女、杂记、拾遗八志,即为八卷,在潼川诸志中实较整齐。

本隋元武县,隋曾置凯州,宋大中祥符中改今名,今县境包古飞鸟、铜山二县,故王士祯《中江县诗》有"秋老飞鸟县"之句。

末附同治四年补遗及续编各一卷。

乾隆遂宁县志八卷

乾隆十一年知县田朝鼎修。盖取康熙间张文端鹏翮所辑之原编而略事增订者。文端固邑人也。

卷首录有张文端原序一通。据称"吾邑旧志成于陈中丞、杨太史,盖前明嘉靖时。迨甲申、乙酉间,献贼破城,邑人歼焉,诗书灰烬,有于颓屋瓦砾中得志下卷,半皆蠹蚀。李长洲收之,衰附论著授其子李光禄未就。"是则该邑修志沿革之大略也。

兹编为书凡八卷,为目则三十有六,一星野、疆域、形胜、古迹等,二赋役、物产等,三坛庙、秩官等,四科目、封荫二表,五人物、坟墓等,六七艺文,八寺观、仙释等,有目无纲吾未见其宜也。

遂宁之名,实自晋桓温平蜀置遂宁郡始,自后或为州为郡,建置屡更。明以还始降为县,隶潼川府云。

光绪遂宁县志六卷

光绪三年知县田秀栗修,中江李星根纂。

据所录旧序:邑志自乾隆十一年知县田朝昆续修后,至五十二年又有知县李培峘辑志十二卷。自田志至是编,盖已三修矣。

本书为卷六,为目则十有八,曰建置、沿革、城池、山川、里镇、藩封、官政、赋课、学校、选举、经济、军行、忠孝、封荫、勋例、大年、列女、艺文、杂纪是也。其分类列门已如斯庞杂,是亦无足观也矣。

道光蓬溪县志十六卷

道光甲辰知县吴章祁修。

据序:康熙十一年知县潘之彪始修,五十二年知县徐缵功重辑,乾隆五十一年知县谢泰宸又修。

凡十六卷,废旧志土地、人民、政事三部之例为三十二目,于旧误多所订正。

本唐唐安县,天宝元年改今名,属遂州。明改属潼川。

道光安岳县志十六卷

道光二十一年知县濮瑗修,县人周国颐纂。

凡例云:"《宋史》杨泰之有《普慈志》,早亡。明万历间,邑令李奇英创修邑志,康熙中邑令郑吉士因其本而增修之,乾隆时郡守张松孙重辑。"本书尚存有明志,纂修姓氏为川省所罕见。

凡十六卷,虽祛旧志土地、人民、政事分部之陋习,然不立纲领,仍嫌琐碎。

安岳县立于后周,属普州,康熙中曾改并乐至,雍正六年复分。

道光乐至县志十六卷

道光二十年知县裴显忠修。

邑志始辑于雍正六年,知县杨佐龙。据凡例称,凡二十七篇,促二十日而成,则其简陋概可知矣。继修于乾隆五十一年,知县叶宽鳌,为八卷,又增于前矣。

本书凡十六卷,其体例则自称仿康对山、韩邦靖《武功》《朝邑》二志,故亦分大纲为六门,一至三为地理志,四至十为建置志,十一田赋志,十二职官志,十三选举志,十四士女志,十五列女,十六杂纪。

县始置于唐武德三年,宋因之。元为安岳县。明成化间复分置县。清康熙十九年又省安岳县入之,雍正六年则仍置安岳县,而以县隶潼川府云。

嘉庆眉州志十九卷（附嘉庆十七年续志）

嘉庆四年知州涂长发修。

凡例云:旧志如宋家安国之《通义编》、孙汝聪之《眉州志》、张伯虞之《江乡志》皆不传,即明知州方端所纂州志亦无存者,兹惟康熙间州牧董、金、张诸本,盖二十一年董永荃、三十七年金一凤、五十五年张汉各一修也。

凡十九卷,一天文、二地理、三职官、四学校、五典礼、六赋役、七兵防、八水利、九风土、十选举、十一士女、十二以下艺文。

唐武德初析嘉州置眉州。乾隆后定领丹棱、彭山、青神三县。

附嘉庆十七年续志,知州戴三锡修。以方修通志奉檄采访,故遵通例开载一册,补前志所未备也。其无事实者,则有目无书。

光绪丹棱县志十卷

光绪十七年知县顾汝萼修。

据序:康熙十九年知县张晓创修,乾隆二十年县人彭端淑又修。

凡十卷,一地理、二建置、三祠祀、四田赋、五官师、六选举、七士女、八九艺文、十杂事。

丹棱亦隋县,旧洪雅县地也。

光绪青神县志五十四卷

光绪三年知县郭世叶修。

据凡例:青邑志书前已灰烬。乾隆二十九年知县王承燨采纂重修,目录未详。至嘉庆二十年,知县孙旭龄奉饬纂修。

凡五十四卷,遵通志例也。

嘉庆邛州志四十六卷

嘉庆二十三年知州吴巩修。前志修于康熙三十三年知州戚延裔也。

凡四十六卷,为星野、方舆、营建、赋役、食货、职官、选举、政绩、人物、典籍、祥异、杂志、艺文十三志。

邛州古临邛,明初降县,成化中复故。清为直隶州,领大邑、蒲江二县。

嘉庆直隶泸州志十六卷

嘉庆二十五年知州沈昭兴修。

据沈序称:康熙丙寅、己丑先后修辑。乾隆初州牧夏丹来重修己卯志,丙寅志知州王帝臣、己丑志知州张士浩所修也。又据李祚序,则前明尚有李璿志、全天德志,今已佚也。

凡十六卷,一、二舆地志,三、四建置志,五食货志,六武备志,七官师志,九选举志,十、十一人物志,十二杂类志。其书不立艺文志,而以诗文与正文平列,亦未见其当也。

泸州为季汉江阳郡,梁武帝初置泸州,明以后为直隶,领江安、合江、纳谿三县。又九姓长官司为唐代羁縻宋州地,顺治间归诚,以泸州州同治之。

同治合江县志五十四卷

同治十年知县瞿树荫修,邑人罗增垣纂。

县志创修于乾隆二十五年知县叶体仁,继修于嘉庆十七年邑令秦湘,至是阅六十年又为增修。据其跋自称新增者什之二三耳。

书凡五十四卷,即分为五十四门,大率占纸数番即为一卷,甚有一叶为一卷者,斯诚不免大雅之讥矣。兹为举其大略如下:曰星野、图考、建置、沿革、疆域、田赋、学校、风俗、兵制、寺观、职官、选举、人物、艺文等是也。

合江在汉曰符县,东汉曰符节,至后周始改为合江。隋属泸川郡,自唐以后则均隶于泸州云。

嘉庆江安县志六卷

嘉庆十七年知县赵模修。据凡例称江安向无专志也。

本书凡六卷,卷一星野、沿革等,二山川、古迹等,三赋役、学校等,四兵防、选举等,五、六则为艺文、杂志,都为门二十有一也。

江安在汉为汉阳县。晋为汉安县。至隋开皇间始更名江安,属泸川郡。宋以后均属泸州云。

咸丰资阳县志四十八卷

咸丰十年知县范涞清修,邑人何华元编辑。

卷首录有旧序数通。前志一修于乾隆三十年知县张德源,再修于嘉庆二十二年知县宋润也。而据凡例则尚有明以前崑自中所编《资中志》一书,惜年久失传矣。

书凡四十八卷,内分为考十四卷、表八卷、录二卷、列传十二卷、列女专七卷、杂传一卷、杂记一卷、艺文三卷,而卷首更附有图考一卷,颇为详明。

县故名资中,置自汉武帝元光五年,齐建元中始改称资阳,元省入简州,明成化二年复置,属成都府,正德中改属简州,清统属仍故。

道光内江县志要四卷

道光甲辰县人王果撰,光绪十三年知县罗庆重刊。盖以崇祯初知县雷应乾所修本为蓝本。

凡四卷,曰土地、人民、政事、文献四部。

雷志之后有康熙二十七年知县徐嘉霖所修二卷,嘉庆已未张揩又继修焉。

道光仁寿县志八卷

道光十七年知县马百龄修,前志修于嘉庆七年知县李元。元,曾修□□县志者也[①]。

凡八卷,一天文等,二田赋等,三职官表,四、五人物传,六、七、八艺文、外纪。

仁寿唐陵州地,以张道陵所居而名。

---

① 原文空缺。李元,字太初,湖北京山人。乾隆三十六年举人,任昭化知县时曾修《昭化县志》六卷。

光绪井研县志四十二卷

光绪二十六年,知县高承瀛继前任修成,县人廖平等撰纂。

凡四十二卷,一至三疆域,四建置,五至八食货,九、十学校,十一至十五艺文,十六金石,十七八职官,十九至二十一选举,二十二官达,二十三氏族,二十四五耆寿,二十六七列女,二十八九官师,三十至三十六乡贤,三十七忠义,三十八孝友,三十九列女,四十方技、四十一二纪年。

其书图测详密,纲目分明,取材缜密,艺文每书有提要,纪年每事具来历。廖氏自序云:"是志也,洁净而有要,汎博而不枝。以说山水则水经注也,以说掌故则利病书也,以甄艺文则经籍考也,以录金石则碑目记也。以六表驭记载之繁,以列传括士女之志,终之以长编,而由周而来至于今,沿革政要振恤禨祥遗事夫,然后若网在纲,粲乎明备。于官书则创于史法,则因此邦在宋代有《陵州图经》、赵甲《隆山志》,世无传本,仅存厥目,未知持以正复何如,然固可信为三百年来无此作矣。"谅非夸也。

本书艺文志述旧志源流如左:

景泰志,景泰初知县冯让修,见嘉庆志"官绩";

成化志,知县丁锐修;

万历志,万历十八年知县杜如桂修;

雍正志,雍正十三年知县黄光灿修;

嘉庆志,嘉庆元年知县陆文祖修成,十卷;

光绪续志,光绪八年知县王琅然修,二卷。

嘉庆罗江县志十卷

嘉庆七年县人李调元撰。前志修于乾隆九年知县沈潜也。沈志即调元之父所纂,调元又取而考订之。自云凡有半碣残碑,自明以上者莫不手自摹拓,家故有万卷楼,互相校雠,历三寒暑以成此书,每条俱载原书名,所采金石俱照式绘图。分沿革、城池、县署、名宦、各署、城内、东乡、南乡、西乡、北乡、人物、节孝、道释、技术、土产十五门,为十卷。虽不尽合乎史裁,其用力之勤,为方之慎,良足多矣,故非长官仓卒成书、奉行故事者可比也。

同治理番厅志六卷

同治五年同知吴羹梅修。

以乾隆中保县知县陈衡北所撰志为蓝〔本〕。陈志盖初未刊行也。

凡六卷,一舆地、二建置、三学校、四边防、五艺文、六志存。

古雍州地也,宋曰威州,洪武中分保宁地为保县,以为威州治。雍正五年省威州,乾隆十八年设直隶里番同知,嘉庆七年裁保县,乾隆中杂谷土司仓旺不法伏诛改土归流,故有此废置。本书边防中土制、夷俗、夷情诸门颇存故实。

道光德阳县志十二卷

道光十七年知县裴显忠修。

据凡例："邑志前明纂本见于曹学佺《名胜志》，兵燹后已亡。国初创始于康熙三十四年邑令别公楣，再修于乾隆九年阙公昌言，二十七年周公际虞又续修，今俱无存。兹编所本乃嘉庆十七年修通志时吴公经世奉文编辑者，要亦仍三公之册而增益也。"

凡十二卷，一地里、二至七建置、八田赋、九职官、十选举、十一二士女，卷末尾杂纪志。

县唐初所置。

末附光绪乙巳知县钮传善所修续编。号称续编，亦间有重出者，又所引颇有陋书。

嘉庆绵竹县志四十四卷

嘉庆十八年知县沈瓖修。

据旧序：康熙四十四年知县王谦始修。据学部志目，尚有康熙六十年知县陆其永一修。

凡四十四卷，按通志例也。惟第四十卷谓之摭史纪事，非川省它志所恒有。

咸丰梓潼县志六卷

咸丰八年知县张香海修。

序云：县志刊本始于乾隆四十五年，邑令朱帘云得康熙二十五年邑令袁还朴所纂旧志钞本也。

凡六卷，一二三建置、人物，四以下皆艺文。关于梓潼文昌神之故实仅艺文中略存之，未之考也。

道光茂州志四卷

道光十一年知州邵镇继前任修成，吏目刘辅廷纂。

刘序云：明兵备副使薛公始纂《威茂通志》，今已无存。康熙二十五年知州李斯仝奉檄纂修，乾隆五十九年丁映奎复加纂辑，未及付梓，至是始据订正刊行也。

凡四卷，为舆地、建置、祠祀、食货、职官、武备、选举、人物八志。

州本隶成都府，雍正五年升直隶州，领保县。

乾隆保县志八卷（写本）

乾隆十三年知县陈克绳修。

凡八卷，一建置、二民事、三官师、四学校、五祠祀、六武备、七艺文、八边防。

县与理番厅皆宋以后威州地，洪武中分所领保宁曰保县。雍正五年省州移县来治。本书边防一志叙金川兵事原起颇详悉。

嘉庆达县志五十二卷

嘉庆十九年知县鲁凤辉继前任修成。

嘉庆七年始改达州为绥定府，以达县为附郭。

县故以前有州志，而无县志。据序：州志始辑于乾隆七年知州陈庆门，十二年知州宋名立复为续纂也。

其时制府方征取方志，颁发通例，故本书按目编纂，至五十二卷之多，甚至有其目无其书亦虚占一卷，肤滥莫此为甚。

嘉庆四川东乡县三十三卷

嘉庆二十年知县徐陈谟修。

嘉庆初王三槐之乱，东乡失陷，故旧志无可考。本书奉檄仓卒撰成，虚张三十三卷，兼之篇简凌错，几不可读。

光绪四川太平县志十卷

光绪十九年知县杨汝偕修。

序云："国初县令程公溥首事编辑，而其书不传；林公毂继之，又不传；前儒学甘氏及邑贡生马氏诸稿率猥陋不足道。惟嘉庆间明经李恒嘉所纂号称完善，又毁于火，亦不传……邑庠生楚善抄稿数帙，似就李稿引申。"是志因楚稿为本也。

凡十卷，为天文、舆地、食货、学校、武备、职官、选举、人物、艺文、杂类十志，略依当时通例。

正德十年，割东乡置今县，隶达州。嘉庆七年升为直隶同知。道光二年查办川陕楚老林情形，移同知于城口，而太平复为县，达州升为绥定府，城口、太平同隶焉。

杂类中纪异闻颇多。

同治四川新宁八卷

同治八年知县复成修。

县于康熙初曾归并梁山，雍正七年复设。乾隆二年知县窦容邃创撰县志,十八年知县周金绅稍加增补,道光十五年知县黄位斗踵而修之。

凡八卷,为天文、地舆、食货、学校、武备、秩官、选举、人物、外纪、艺文十志。

容邃本能文之士,其手开辟榛莽,亦有足多者。志除存窦氏诗什外,殊不见有可观。

县经嘉庆中教匪及同治初滇匪之乱。

道光城口厅志二十卷

道光二十四年通判刘绍文修。

厅在明为太平县,清嘉庆七年始升县为厅,道光二年又改太平为城口厅,有志自此始也。

其目如次:一星野、二沿革、三疆域、四山水、五古迹、六风俗、七赋税、八户口、九公署、十学校、十一祀典、十二武功、十三兵营、十四职官、十五选举、十六人物、十七列女、十八物产、十九杂类、二十艺文。

道光忠州直隶州志八卷

道光四年知州吴友篪修。书无序,仅据职官表知友篪为道光四年任也。

据其凡例:"有明三百余年并无专志,余修是志于省志得十之一,于采访得十之三,于郡人熊氏《六代志稿》得十之六。"

凡八卷,一、二、三舆地志,四食货志,五、六学校志,七武备志，八人物志、杂类志。其每篇之序皆集经语而成，盖所志不过文词之末耳。

忠州为汉巴郡临江县。周、隋为临州，贞观中改今名，刘晏、李吉甫、陆贽、白居易迁谪之所也。雍正十二年定为直隶州，辖酆都、垫江、梁山三县。

光绪酆都县志四卷

光绪癸巳知县蒋优奉修。前志修于同治己巳县人徐昌绪，以庚午水灾，板片淹失也。

据所录修志姓氏，明宏治间创修者为杭州府知府、县人杨孟瑛，康熙间主修者为知县王廷献、朱象鼎，嘉庆间主修者为知县瞿颉、方宗敬。

凡四卷，一舆地、官师二志，二典祀、营建、赋役、学校、选举五志，三人物、古迹、祠庙三志，四艺文、武备二志，盖一循徐氏之旧观。其发凡起例，旧志可存者仍标注旧志于行间。奉行典礼非酆所独者不备载，而依范氏泰衡《万县志》例别刊一册。即此二事，固征其胜于凡手也。

据志称：酆都置县在隋唐之间，洪武间改今字，属重庆府忠州。雍正十一年升忠州为直隶州，以县属焉。

俗传酆都鬼界之说，据志所称，盖平都山王方平仙迹之讹，其山间有阎王殿，遂供妄人附会，至今耳食者惑之。

光绪垫江县志十卷

光绪二十六年知县谢必铿修。

据序：乾隆丙寅知县丁涟始修,嘉庆戊子知县夏梦鲤、县人董承煦续修,至是而旧板已毁也。

凡十卷,一舆地、二建置、三食货、四学校、五祠祀、六官师、七选举、八人物、九列女、十志余。

光绪梁山县志十卷

光绪二十年知县朱言诗修。旧志修于嘉庆十三年知县符永培也。同治六年知县艾钺盖尝补修。

凡十卷,一星度、二舆地、三建置、四食货、五学校、六武备、七官师、八选举、九人物、十艺文。不拘当时通例,纳繁于约,足征卓识,刊印亦精。

县为汉朐䏰县地。西魏置今名。唐宋属万州。明属夔州府。雍正十二年改属忠州。

同治酉阳州志二十二卷

同治二年知州王麟飞等修,州人冯世瀛、冉崇文之稿也。冯书名《二酉纪闻》,冉书名《冉述》。前志修于乾隆三十九年知州邵陆也。

凡二十二卷,一天文,二、三地舆,四规建,五学校,六户口食货,七至九祠庙,十、十一武备,十二、三职官,十四、五土官选举,十六政绩,十七人物,十八列女,十九物产风俗,二十至二十二艺文武功,而以杂事志置卷末。然杂事中反有许多事实,川省诸志类多不注杂事,殊为失之。

酉阳本土司地，土官冉姓。乾隆初设州，领秀山、黔江、彭水三县。

光绪秀山县志十四卷

光绪十三年知县王寿松撰。

其叙志曰："明时殿阁书目有《酉阳宣抚司志》十卷。考酉阳称宣抚当明太祖洪武中，其时县地四洞土官皆未改属，疑亦在纪中，或别有撰集久亡，故不复见著录。不然，《明史志传》之所书，顾炎武、毛奇龄、顾祖禹诸人之所采记，官氏地名、里户阨塞、流风遗俗，何其晰也……曩者江华杨君、武进余君，从政多暇，颇议搜辑，县人王绳祖、江傲尹殿飏，亲受笔札，各为记述。迁延靡终，铅椠告歇，群士悒焉。"

盖秀山为古酉阳地，唐置思州，其季年为阳氏所据，自宋以后遂为土司。雍正中平茶、邑梅、石耶、地坝等司长官均献土请吏，乾隆元年遂析酉阳东南境来益之，置县曰秀山。取界内高秀山为名也。初罢酉阳土官，议并四洞地置酉阳县，立黔彭厅于彭水，以县隶之。寻废厅置酉阳直隶州，治秀山县也。

本书凡十一篇，曰地志、官师志、建置志、赋役、学志、礼志、兵志、士女志、货殖志、建置志、土官志、序志。其大体仿《华阳国志》，而地志一篇兼仿郦注之法，山川险要、建置名胜、故书歧说、父老遗闻，纂组成文，雅丽可诵。自有方志以来，尟此妙笔也。

其货殖一篇,述丹砂、桐油、烟草、石炭之货,皆详其出产时地、制造方法、交易价格,以雅炼之笔,写琐细之事,而无罅漏之弊,非良史不能为也。录桐油一则如左,以见一斑①。

光绪黔江县志六卷

光绪二十年知县张九章修,邑人陈藩垣等编辑。县志之有刊本盖始于咸丰元年知县张绍龄,再溯而上之则有柴、孙二令创有志稿,继任郑愈、王尔鉴先后续成之。此外尚有邑人李北山志稿二卷,汤鹤村志稿一卷,均为张志所取以为蓝本,但所录旧序皆无年月可考。三年又有知县张锐堂续修之本,则兹编之前志也。

本书卷首为序例、图考等,卷一为天文、地舆二志,卷二规建志,卷三食货志、学校志、武备志,卷四职官志、选举志、人物志,卷五艺文志、风俗志、祥异志。

县始著于五代,属黔州。宋元均隶绍庆府,明属重庆府,清初因之。雍正十二年改属黔彭厅,为厅治。乾隆元年废厅,属酉阳州。

光绪彭水县志四卷

光绪元年知县庄定域修。前志修于康熙四十九年知县陶文彬也。凡例云:"旧志三本互对,字画模糊不清,卷页凌乱无序,彼此各有不同,竟似非一板所印者,其不可恃

---

① 原文缺。

如此。至所载乾隆三十六年、嘉庆十六年、道光八年三修，皆创稿未刊者。"

凡四卷，一地舆、规建，二食货、学校、武备、祠庙，三职官、选举、人物、风俗、物产，四古迹、艺文、杂事。

彭水隋县，为黔州治。雍正十二年为黔彭厅治。乾隆元年厅废，隶酉阳州。

嘉庆叙永厅志四十四卷

嘉庆十七年同治周伟业修。

本明永宁卫，在川、黔、滇之间，崇祯间设军粮厅，康熙二十六年改县，初隶贵州，雍正五年并归四川。雍正八年改以县隶叙永厅，实则厅、县二城相并，疆域亦同，故志名厅县合志也。

据凡例：康熙丙寅同知宋敏学、乾隆丙寅同知杜枢各一修厅志，四十二年同知刘组曾续修厅志略二卷。兹编以诸志为蓝本，稍加详备。

四十四卷，无纲领。

道光石砫厅志十二卷

道光二十三年同知王槐龄修。

据历修姓氏：康熙中贡生马斗斛创修，未梓行；其后乾隆四十年同知王縈绪、嘉庆十二年同知李壎各一修；其未梓者则乾隆五十七年同知史钦义、嘉庆十六年拔贡冉永燮所修也。

　　凡十二卷,一地理、二赋役、三职官、四学校、五建置、六风俗、七土司、八人物、九物产、十以下艺文。

　　石砫土司马姓,在明季,马千乘妻秦良玉以忠勇显。乾隆二十五年归流设直隶厅,马氏改以土通判世袭。

方志余记

方志余记一

湖南

康熙长沙府志二十卷

康熙二十四年知府苏佳嗣修。

据凡例："旧志之修，在明代者，郡人则为张治、周之屏、黄翼、吴道行(据乾隆志注，姓名与前守同)，郡守则为孙存、潘镒、吴道行、雷起龙；在国朝，郡人则为陶汝鼐、吴愷，郡守则为张弘猷、任绍爌。"惜中经闯、吴之变，兵燹后仅存残编断简。时至今日，殊更不易考矣。

本书二十卷，目次如下：一星野、疆域、沿革表、建置，二、三职官，四兵制、城池、水利、学校，五封建、赋役上，六赋役下、物产，七山川、祀典，八风俗、祥异、选举上，九选举下，十名宦，十一人物上，十二人物下，十三人物下、列女、流寓、方外，十四胜迹、典章上，十五典章下，十六至十八艺文，十九诗词，二十拾遗。卷五缺。

观其所分门类，凌乱颠倒，殊非佳构。其凡例自称"部限甚严，仓皇授梓，一月脱稿，两月告成"，盖亦奉行功令之作，无怪其然耳。至称旧志水利寥寥数言，附于建置之末，今则特为一编。旧志于方外仅录寺观之名,而别为仙释一帙。今以寺观系诸胜迹,而仙释则与流寓并附于人物之后。旧志以贾太傅编入方伯连帅,今于名宦人物,止依年代编次,不分品目。综此诸端,似已较旧志为优矣。

卷十五所录牌示详文、公案条陈诸文,多与民生利病、风俗淳浇有关,实为兹编最精彩之一部份。

长沙郡始著于秦,自后建置屡易。至明洪武五年,改长沙府,隶湖广布政司下湖南道,领县十二,为长沙、善化、湘阴、湘潭、湘乡、浏阳、醴陵、宁乡、益阳、茶陵、攸县、安化。成化十九年,改茶陵为州。清初仍明制,康熙三年,以沅抚移镇长沙,分藩于郡,隶湖南布政使司,领州一、县十一。

乾隆长沙府志五十卷

乾隆十二年知府吕肃高修。河南张雄图、山西王文清同撰。

兹编录有明雷起龙、张治、吴道行、黄翼旧序各一通,因此颇能窥知旧志之沿革及其纂修之内容,最为可珍。以视康熙志之删而不存,诚不知其何所用心矣。

书凡五十卷,一图象,二星野,三疆域,四沿革,五山川,六水利,七、八赋役,九城池,十封建,十一建置,十二古迹,十三学校,十四风俗,十五典礼,十六陵墓,十七兵制,十八、十九职官,二十、二十一名宦,二十二至二十四政迹,二十五至二十七选举,二十八至三十一人物,三十二、三、列女,三十四流寓,三十五方外,三十六物产,三十七灾祥,三十八至四十九艺文,五十拾遗,外卷首皇言一卷。其卷二十二有奏疏文檄数篇,列举兵燹之后粮税之累人,立言甚详,研究方志而留心社会者不可不读也。二十三、四两卷亦多与民生疾苦有关之详呈等文,均为吾人所不应忽视者。

同治长沙县志三十六卷

同治戊辰知县刘采邦主修,盖本县士绅公稿也。

据前知县徐淦募捐启称大府拟修《湖南通志》,谕各郡县赍申旧志,并采访事实申送备录,则亦奉行故事之撰述而已。

凡三十六卷:一星野,二沿革,三疆域,四山川,五津梁,六水利,七公署,八赋役,九保息,十积贮,十一学校,十二典礼,十三、十四秩祀,十五兵防,十六风土,十七职官,十八名宦,十九、二十政绩,二十一、二选举,二十三、四人物,二十五忠义,二十六耆寿,二十七、八列女,二十九流寓,三十古迹,三十一寺观,三十二仙释,三十三祥异,三十四、五艺文,三十六拾遗。

按所录原修辑姓氏,康熙七年知县胡壮生始修,其后二十四年知县朱前诒、四十二年知县王克庄、乾隆十二年知县李大本、嘉庆十五年知县赵文在、二十二年知县陈光诏继之。其中乾隆十二年本系以原志仍旧另撰续志也。

据所录嘉庆十五年本凡例,谓乾隆三十六年科房被焚，文卷残缺失次，为旧典废坠之由，其搜采之勤自不可没。今志体例盖悉本之，而少从删削，然犹为书二十册，抑县志中之繁重者矣。然中如政绩、艺文所载率多肤滥，而典礼录乡试入闱仪节尤与一县之故实毫不相关，亦可已而不已者，宜其卷帙倍常也。

至其所采零闻佚事入之拾遗篇中者尚多可取，然山川篇引韩愈诗云："绕郭青山一座佳，登高满袖贮烟霞。星河景物堪凝眺，遍地桑麻遍囿花。"此岂韩氏之诗哉？何并此而不能辨也。

至卷首之城图详列坊巷之名，斯又他志所未及，其善亦不可掩也。

嘉庆善化县志三十卷

嘉庆戊寅刊，知县王余英所修也。善化为长沙府倚郭县，设自宋元符中。据本书所载旧序，知善化之有志始于万历癸丑，主之者知县唐源，撰稿者则县人吴道行也。吴序云：博采详搜于省志、郡志得十之四，全史故籍得十之二，而又参之簿书所纪，稽之乡正所传，于是创著成帙。盖其书体例：首图，次星野，次地理，次风俗，次物产，次赋役，次封建，次职官，次选举，次宦绩，次人物，次流寓，次建置，次学校，次兵防，次祀典，次古迹，次祥异，次杂纪，次艺文。盖即明末以来之方志通例矣。书成未几，刻本散失，崇祯癸酉知县黄允中乃仍属吴氏重订。及康熙壬子，诏修一统志，遍征志书，知县孙浩乃仓促撰成新志。乙丑年知县孙谦补成之。乾隆丙寅知县魏成藻复续修之。于是共有万历癸丑、崇祯癸酉、康熙壬子、康熙乙丑、乾隆丙寅五志。

旧志体例已未尽善矣，今志尤为繁琐。录其目次如下：一星象，二沿革，三疆域，四公署，五户口，六田赋，七学校，八津梁，九秩祀，十典礼，十一兵防，十二职官，十三选举，十四人物，十五列女，十六耆寿，十七风俗，十八物产，十九祥异，二十古迹，廿一艺文，廿二寺观，而附以拾遗一篇。

今观疆域篇中斤斤于龙脉之形势，良为可哂。然其图说云："兹特商之邑人，另倩邑中之知地理者，裹粮寻访，竭一月之力，曲折数百里，由娄仙岭讫天心阁，高高下下，或左或右，某峡某嶂，务求真的，绘图于右云云。"则其所绘犹为凿凿可凭，非比辗转剿说虚应故事者。是其说虽可哂，而其用力实可嘉也。又据其所引，知旧志已哓哓于龙脉，今志原不能独任其咎。楚风诬诞，固不虚哉。

田赋、学校、风俗皆以笼统之谕旨冠首，实为徒占纸幅。然细核全书旨趣，在于宁详无缺，故所录条教簿籍往往盈卷。较之章氏所讥专务高简者，固犹舍彼而取此矣。

职官篇附政绩，悉载檄疏诸文，创例而殊可取，然其中如周人骥之除蛟害示，满纸荒诞不经，则又有玷甄录也。

光绪善化县志三十四卷

光绪三年知县冒沅修。

邑志创修于明万历癸丑，继修于崇祯癸未，再修于康熙壬子与乙丑，而乾隆丙寅、嘉庆戊寅均有重修之举焉。

凡三十四卷，一星象，二沿革，三疆域，四山川，五水利，六津梁，七公署，八赋役，九积储，十保息，十一学校，十二典礼，十三、十四秩祀，十五兵防，十六风土，十七官师，十八名宦，十九、二十政绩，二十一、二十二选举，二十三、二十四人物，二十五忠义，二十六耆寿，二十七、二十八列女，二十九古迹，三十祠庙，三十一、三十二艺文，三十三祥异，三十四丛谈。

据凡例"旧志二十二门，有可分可合者，复加厘订"，如"户口田赋、风土物产，旧志各分二门，今合为赋役一门、风土一门"是矣。惟旧志山水统于疆域，今分列山水一门；忠义附于人物，今分列忠义一门，似不免分其所不必分焉。

按后汉乾祐三年析长沙县东界为龙喜县，宋乾德二年废龙喜置常丰，开宝六年废常丰入长沙，至元符元年析长沙五乡及湘潭二乡置善化县，盖善化之名自宋始也。

光绪湘潭县图志十二篇

光绪十五年知县陈嘉榆继前任修成，王闿运纂。

按序，道光中县人罗汝怀属其友王荣兰、唐昭俭属稿，同治初开馆，十年未成。人物递嬗，岁月屡更，至是始告成。闿运谦不言总纂，其实体例文词，皆其一手所定也。

按艺文志，县志凡十修，列表如次：

成化湘潭县志　知县马琛（四年任）撰

嘉靖湘潭县志　知县陈应信（三十二年任）撰

万历湘潭县志　知县包鸿逵（三十九年任）撰

顺治湘潭县志十二卷　知县史宗尧(十三年任)撰

康熙湘潭县志九卷　知县郑有成撰

康熙续修湘潭县志　知县张軸(十八年任)撰

康熙再续湘潭县志十二卷　知县姜修仁(二十年任)撰

乾隆湘潭县志四十卷　知县吕正音(十九年任)撰

乾隆续修湘潭县志二十六卷　知县白璟(四、十一、五七年三次任)撰

嘉庆湘潭县志三十三卷　知县张云璈(十七年任)撰

湘潭县志稿三十卷　唐祖价撰

湘潭十续志稿五十卷　王士达、罗汝怀等撰

湘潭自萧梁时为侯国,唐立今县,初属衡州旋改潭州,故明以后为长沙府属县。自明以来为繁富之区,号"小南京"。咸同以后,衣冠尤盛,城中几三千户(见本志建置篇),盖以通岭外要道,南方诸省货物所萃也(见货殖篇)。嘉庆以前科名尤盛(见艺文篇),诚湖外岭北第一壮县矣。

王氏此书,谨守史裁,规模壮阔,尤胜于其所撰《桂阳州志》。爰录其目如左:

疆域第一　县境大图　沿革图　中星诸图表

建置第二　城图　疆域小图　都甲图　驿站图　市肆图　桥渡图　石路马头表　公田表

事纪第三

山水第四

官师第五　旧国表　晋至元县职表　明职官表　国朝职

官表 官师传二十

赋役第六

礼典第七 群祀表 佛寺表

人物第八 贡举诸表 品官表 加衔表 赠官表 封荫表 封爵世职表 耆寿二表 殉难名爵表 遇难士民表 阵亡勇丁表 列传五十二 列女表传

五行第九

艺文第十

货殖第十一

序第十二

其事纪篇，惟举县之大事，而尤详于近代事之不见于史者，自兵寇而外，官吏黜陟、政典兴废、人民移动，俱本传闻而加登录。其山水篇依郦注之体，纲目犁然，俗志所谓物产风俗古迹异闻，无不网罗，以归一贯。述地之篇，斯为良楷。至于人物诸传，抗心班范，刊落浮词，文史交擅，诚无间矣。惟五行、艺文两篇，步武《汉书》，过于拘泥。至以地理、山水之书，列于形法之家，大不合理，抑其蔽也。至于一书警策，尤在货殖篇。

光绪湘阴县志三十四卷

光绪六年县人郭嵩焘撰。

据本书艺文志，湘阴旧志：

宋湘阴图志 知县事胡矗撰（见通志）

成化湘阴志 成化元年知县韩璟修

嘉靖湘阴县志　　嘉靖三十二年知县张镫修

康熙湘阴县志　　康熙八年知县唐懋醇修

乾隆湘阴县志　　乾隆二十一年知县陈钟理修

道光湘阴县志　　道光三年知县徐銶修

郭氏此志创始于同治戊辰，而同县李桓以擅变旧志体例相诋。郭氏以此书名为公修，其实一家之私言，自信事必征实、语必当理，采访之未周、记载之失详，则所不敢辞咎。甚矣秉志笔者之难得乡人谅也。

按其目，自第五卷以上皆为舆图，六沿革表，七疆域表，八巡幸、封建、世爵三表，九、十职官表，十一、十二选举表，十三、十四人物表，十五、十六列女表，十七、十八民族表，十九山志，二十水志，二十一赋役志，二十二水利志，二十三典礼志，二十四学校志，二十五物产志，二十六营造表，二十七团保志，二十八兵事志，二十九灾祥志，三十艺文志，三十一名宦传，三十二、三人物传，三十四列女传。其曰团保志，指团练保甲而言也。总凡三十四卷。

同治宁乡县志四十卷

同治六年知县郭庆飏修，广东肇罗道县人童秀春纂。

按历修姓氏，正德四年知县刘绚、嘉靖二十一年知县周孔徒、万历三十一年知县张栋、顺治十五年知县蒋应泰、康熙二十一年知县王钱昌、乾隆十三年知县李杰超、嘉庆二十年知县王余英，各一修。

凡四十卷，一、二天文，三至九地理，十、十一赋役，十二至十八学校,十九至二十三职官,二十四、五风俗,二十六至四十一人物,四十二至四十四艺文。

纸墨剞劂甚精,然其叙山川不顺天然形势,而徒以名称为类,有如类书。

武德四年析益阳置新康,贞观六年改今名。

同治浏阳县志二十四卷

同治十二年知县罗庆芗修。

据历修姓氏,嘉靖辛酉知县萧敷、康熙乙巳知县韩燉、庚申知县曹鼎新、甲申知县王珽、雍正癸丑知县陈梦文、嘉庆戊寅知县谢希闵,各一修。

凡二十四卷,一图考,二、三舆地,四营运,五至七食货,八学校,九至十二祀典,十三兵防,十四祥异,十五、十六职官,十七选举,十八人物,十九、二十列女,二十一至二十三艺文,二十四杂志。

食货篇中有一事云:"杂课别有熟铁正杠银一两八分……今岁由潘姓鸬鸟渔船纳银如例,并饷解藩。"此事极可玩味,足见他志于此类琐例遗漏甚多也。又卷尾有农家胥役等谚语,亦极可珍。

同治醴陵县志十四卷

同治十年知县汤煊继前任修成。

据历修姓氏,景泰初创修无考,万历二十四年知县晏朝寅、崇祯三年知县梁翼宸、十一年知县吴元中、顺治十八年知县张法孔、四年知县张尊贤、二十四年知县陈九畴、乾隆八年知县段一骥孔毓炎、嘉庆二十四年知县黄应培,各一修。惟康、乾、嘉三志存也。

凡十四卷,一舆地志,二建置志,三赋役志,四学校志,五典礼志,六武备志,七秩官志,八选举志,九人物志,十列女志,十一灾祥志,十二、三艺文志,十四杂志。

同治益阳县志二十五卷

同治十二年知县吕懋恒修。

据历修姓氏,宏治癸亥县丞周济、嘉靖癸丑知县刘激、万历癸酉知县朱銶、康熙癸亥知县江闿、乾隆丁卯知县高自位,各一修。嘉庆己卯知县裴成章就高志续增之。

凡二十五卷,一、二舆地志,三、四营建志,五、六民赋志,七、八学校志,九、十礼仪志,十一武备志,十二秩官志,十三选举志,十四至二十人物志,二十一封荫志,二十二、三艺文志,二十四、五尚征志。尚征志即杂志之伦也。

益阳汉旧县,元曾升为州,明复为县。其地擅舟楫之利,为商贾所萃,故有"金湘潭银益阳"之谚,本书风俗篇具言之。至其风土清淑,妇女以韶秀名,则未之及也。

同治湘乡县志二十三卷

同治十三年知县齐德五修。

据历修姓氏,正德乙亥知县张汉、(见《湖南通志》,但旧志职官正德十年知县乃赵汉非张汉。)嘉靖庚子知县庞

钦明、万历庚寅知县揭士奇、顺治己亥知县叶良礼、康熙癸
丑知县刘履泰、戊寅知县李价、雍正戊申知县王振、庚戌知
县陈哲、乾隆丁卯知县张天如、嘉庆丁丑知县翟声焕、己卯
知县羊拱辰、道光乙酉知县胡钧。

　　凡二十三卷，一、二地理志，三建置赋役志，四学校志，
五兵防、艺文志，六职官志，七至十六选举志，十六至十九
人物志，二十至二十二列女志，二十三方外志。

　　咸丰军兴以后，县人武达者实繁，故本书选举志中特
辟武勋世爵等门，人物志辟义勇门，盈卷累帙，连载不休，
于他事遂少注意矣。

同治攸县志五十五卷

同治十年知县王元凯修。

　　据凡例略称，攸志至万历初年四修，时邑令徐希明出
新旧志考订，两阅月稿具。所云新志，即隆庆壬申前令王
养性所修也。顺治己亥邑令朱英帜所辑，即据此本。康熙
壬申卫周祚请檄各省修志，攸志为邑令余三奇续修，仅补
缀二十年事迹。逮乾隆丁卯初修湖南通志，邑令冯运栋实
主修之，亦止三阅月成书也。

　　凡例又云："顺治己亥志形势条内注云出淳祐志，其
语已有自来。简蠹编轶，又经元至正壬辰兵燹，无从搜访。
即乾隆丁卯志亦止据顺治己亥本。又于己亥本删削失实。
如明嘉靖四十五年土人刘庚甫为乱，是设大洲堡由来。图
籍附论一条，是历代编里由来。寺观条，元至正兵火毁者

十余处,存之可略见元末时事。凡此皆不应删而删者。"善乎此言,旧志滥删之弊尽之矣。

凡五十五卷,曰星野、图考、建置、沿革、疆域、形势、山川、户口、田赋、水利、城池、关隘、津梁、古迹、公署、学校、祀典、祠庙、风俗、兵制、屯田、铺递、武功、寺观、盐法、茶法、蠲政、职官、选举、封荫、政绩、人物、列女、隐逸、流寓、仙释、方技、陵墓、艺文、典籍、金石、物产、祥异、杂识、外纪,此盖当时省颁通例。而边防、驿传、苗猺、屯练、钱法、木政、榷政、矿厂、帝王、故宫、僭窃等项则阙焉。

同治茶陵州志二十四卷

同治十年知州福昌修。

据历修姓氏,嘉靖乙酉知县夏良胜修,州人少保大学士张治纂。张序云:茶陵志元以前无存刻,正统始刻之也。是后嘉靖己未知州林松、万历辛卯知县陈情、丁酉知县冯瑗、康熙乙巳知县马崇诏、辛酉知州熊应昌、乙亥知州赵国寅、嘉庆丙子知州瑞征,各一修。

凡二十四卷,一图绘等,二星野,三沿革,四城池,五山川,六风俗,七食货,八田赋,九公署,十惠政,十一祀典,十二古迹,十三学校,十四武备,十五官守,十六选举,十七循良,十八人物,十九列女,二十至二十三艺文,二十四寺观、杂志。

茶陵汉旧县,元代升为州,明初虽降县,旋复故。长沙诸州之仍元旧者,一而已矣。

光绪巴陵县志六十三卷

光绪十二年知县姚诗德等修，县人进士李和卿、举人杜贵墀纂。

按杜序，吴敏树实始修志之议，虽未及见其成，而所论述犹其志也。故议论体裁咸为明达，其凡例诸条驰骋古今，于史法多所发明，亦会稽章氏之遗风也。

凡为八门，曰舆地志，曰建置志，曰政典志，曰选举志，曰人物志，曰艺文志，曰职官志，曰杂识。而诗文之涉于名迹者则别为洞庭君山岳阳楼诗文集十八卷附焉。然关于洞庭岳阳之诗词仍有录入杂识者，终嫌散漫不能一律也。

同治临湘县志十四卷

同治十一年知县恩荣修，刑部主事监利王柏心阅定。有序。

据旧序，知康熙二十四年知县杨敬儒修，据杨序知尚有万历十九年修也。

凡十四卷，一舆图，二方舆志，三建置志，四食货志，五学校志，六典礼志，七秩祀志，八兵防志，九秩官志，十选举志，十一人物志，十二列女志，十三艺文志，末卷拾遗志。

县本巴陵之王朝场，北宋置县，改今名。

光绪华容县志十五卷

光绪八年知县龙起涛修。

据凡例，邑志孙羽侯编于万历八年。洎康熙年间，知县徐元禹、詹天俊补纂之。遗本俱漫漶。王展六编于雍正六年，稿脱未付剞劂，今无存。乾隆二十三年知县狄兰标纂修成帙，始有可观。嘉庆二十年知县卢尔秋延邑人丁珏、周暄修辑，未葳厥事。

凡十五卷，一地理，二建置，三赋役，四食货，五学校，六武备，七礼仪，八职官，九选举，十人物，十一列女，十二方外，十三五行，十四艺文，十五志余。

本书于置县原始殊未道及。

方志余记二

康熙石门县志三卷

康熙二十二年知县张霖修。

据序，"石故有志。自明季兵燹，编帙湮灭"，盖已不可复考矣。

全编分上中下三卷，共订一册。卷上封域、山川、桥梁、津渡、墙堰、人丁、地亩、秋粮、风俗、古迹、人物、冢墓、仙释，卷中秩官、选举、公署、邮传、学校、祀典、礼仪、武备、守御、屯田，卷下惠政、杂记、三爱铭，末附补遗、艺文、宦绩。

本书简陋特甚，盖当时强应功令之作，固不足以与语志例也。

民国慈利县志二十卷

民国十二年县人吴恭亨撰。

其序曰"慈利立县肇自秦汉，越在苗蛮羁縻临治，又分合割并不常，其官地人事时一见名历史而已。职官书于晋，人物科举书于明，其他亦略书于明。顾县志无专书，清初叶琼创为之，是为康熙叶志。同时复有董儒修九溪志。其后有嘉庆皇甫志、有同治魏志，撰者曰拔贡皇甫如森、曰举人魏湘。凡此皆言县故之初祖，其书今具在。沿俗传钞，不能用史眼为裁正，世所讥为应有尽无、应无尽有者。大抵伏专制君主肘下，谀颂忌讳事实既多抵迕、雷同、牵附，立言尤不雅驯。当日郡县志乘，黄茅白苇，千篇一律。自武功、朝邑、灵寿及最近之湘潭、衡阳落落数书外，要实非无可非、刺无可刺。等之郐下，不同中国。我叶、皇甫、魏诸载笔君子，诚又不任受咎焉。往者吴恭亨撰丁酉志，属稿之初，刺取诸书鱼鳞杂袭堆塞案几。一乡先生过而瞥见曰：'子续纂县志，杀青必三十卷抑四十卷无疑。'盖误以为后必踵前，如续尾然。恭亨以其一孔难可正言，姑应之曰唯唯否否。其后书成，县武举联合摭其中论武科微词，擒恭亨诣知县。事旋上闻，巡抚俞廉三不学无术妄人也，则严檄焚书毁版，于是乃用版片没官告一终结。此慈利各前志之经过。辛亥革命，庶政锐变，群谓失今不述后何以观。于时有纂中华民国第一次县志之议。六年凤凰田兴奎来摄县篆，钩稽能负责者，既谂恭亨老于文明，习县掌故，且前志又实斐然，遂致聘焉。乃约不更开馆，用节繁费，期以二年，即家成书。明年湖南军兴，兴奎前委印去，其年恭亨用他事得罪驻防军人，跳避居澧，自是兵盗连乱，无暇及他事。十年省宪垂成，县议会再召集决议县志案，俾恭亨继续总纂，黎成镕、萧士甲副之。既开馆，以田金楠为长，驰书召恭亨。时恭亨就养长沙，报书欣诺，脱稿以一年为请。且胪新志体要，曰详地略天、详人略物、详俗略政、详独略同、详表略文。体要之要，五者而外，曰详今略古。"

今按其书为二十卷。地理第一，之一曰沿革、疆域、天度、沿革表，之二曰旧都区表，之三曰澧水，之四曰溇水；户口第二，曰户口表、富庶表；实业第三；建置第四，曰城郭、议会、廨署、警察所、教育会、劝学所、学校、邮政局、电报局、警备队、演武场、财产保管处、仓储、农会、保商局、桂香楼、溇澧亭、尊经阁、同善堂、普济堂、栖流所、义冢、市集表、桥渡表；财政第五，曰国家财政收支表、地方财政收支表、学款收支表、钱粮表；教育第六，曰学校表、学生毕业表、学区表、学田表；议会第七，曰中华民国统一政府第一届议员表、湖南自治省第一届议员表、选举区域表；祠祀第八，曰寺观表、家庙表；职官第九，之一曰三国吴至元职官表、明清职官表、明清九溪职官表、今代职官表、行政各局所职名表，之二曰职官志；人物第十，之一曰宋元明科举表、清举贡表、明清武举表、宋至清他途仕宦表、清仕宦表、今代仕宦表、律师表，之二、之三曰人物志；风俗第十一；事纪第十二；艺文第十三；序第十四。其卷首有图二十余幅，曰疆域、曰都区、曰山水、曰建置。所谓建置者，则市集、驿道、电线、故城等也。继之以各都分图，又继之以街道图、学区图，附以氽湖图及廖家山矿区图。详明为他志所罕及已。

全书皆议叙并行，尤以第三、四卷仿《水经注》，以水为纲，历叙地理、历史、人物、风俗、物产、异闻，兼包并容，文体最美。光绪《五台志》而外复见此编，诚史笔之雄也。

户口篇凡为表二：曰户口表，以都为区而分系其数者也；曰富庶表，详诸户之生活状态者也。其例口二百聚居一地者曰次庶，四百以上者曰庶，财产值五千缗者曰次富，万缗者曰富。历官者曰宦。按《华阳国志》每录叙一地必表著姓，王氏《桂阳州志》能师其意，至于并其资产而亦揭明之，则吴氏此作洵为更上一层矣。

实业篇历叙物产并详物价，此亦与光绪《秀山县志》同具特识。近人撰志，竞知辟实业一门，然不过抄撮公文表册以充篇幅而已。殊不知公家簿书期会之事，所综揽者至凡而狭；史家秉笔，宜纵目披剔至于至纤至悉无所不包，乃为尽职。兹录吴氏之语两节于左，以见旧志所忽遗者之多也：

其他名者，娄南北之黄豆、附郭五都之棉、八都九都之麻、后十九都西连之茶，及高地十四都前村平、十五都官地平之木瓜、之五倍子。每类以货出、以钱归，多者岁缗二十万、三十万，少亦不减十万。又伐木联为簰乘泛下浮，售钱岁亦往往在十万、二十万缗上下。自外零星又有漆、有绿、有靛、有棕、有甘蔗、有葛仙米、有蜂糖、有蜡。蜡有黄有白，白蜡者虫窠也，寄生蜡树，取者担之，无分雨夜，疾足都市。交易一不及时，虫出蜡败矣。凡此为农作物之荦荦者。

工作物，清咸同以往县城有康锦泰豆酱、陈正和酒、卢添陞笔、吴宏远针、张聚兴丝烟、贺万顺油纸扇，近又有邢万兴纺绸、吕元和糖麻花、江垭有江大生皮油、陈锦顺豆油皮、象耳桥有吴恒顺挂面、茶林河有徐裕泰冰糖饼。今不过六七十年，诸业波卷云逝，大都垂尽矣。惟贺万顺傈然在，其招牌三字为清云贵总督贺长龄手书，亦巍存无恙。顾所业油纸扇微甚，似有无又不足道。商贾虽无常赢，而业不能世守，靡士靡农靡工靡商举从此则焉。其为世变之忧，夫岂其细！夫岂其细！其机织布业以附郭地平段家洲及下六都、二十四都为特盛，时髦花样近亦能步骤，盖以产棉纱不需外求也。其购纱于临澧之新安合口等市，女织男贩，又特盛于杉木桥、赵家铺一带。农工少隙，十十五五，结队西赴江垭者，几无日不有二十二都之布贩子属于道路焉。

祠祀篇云："王闿运《湘潭志》礼典篇为群祀、佛寺二表，其系群祀曰：古者群姓有祀，国自有祀。今者官为民祀，民各有祀。非独祈祷，兼为会议燕集之地，又因以收恤羁旅、储藏公器。其事宜为司徒之所掌，其神则各祀所尊奉，故兼有僧道诸寺观之名，昧者乃以为淫祀矣。虽所祀神人杂不可纪，要取其礼意，故表而存之。"本书亦取其意为祠祀志及家庙表、寺观表。惜于历史太略。家庙表则倬然善例也。蕞尔一县家庙至三百所，兹非掌故之要软？

职官表以列官守姓名，志以纪事实，人物例同。其今代职官、今代仕宦别为一表，此则徇俗而又不违著述之例，视临榆、庆云二志为优出矣。

光绪邵阳县志十卷

光绪三年知县李大潘修,汉阳黄文琛纂。

凡十卷,曰岁时、山水、建置、学校、祠祀、食货、官师、选举、人物、杂志。其体例视寻常不同,盖墨守康氏求简之说者,故分合不伦、剪裁失当之处不一而足,即如以岁时冠篇而包括气候、风俗、丰歉三项是也。

邵阳县乡土志四卷

光绪三十三年知县上官廉主修,县人姚炳奎纂修。其时徇学务处之请,令各府厅州县咸撰乡土志故也。

据例言,是书一遵编书局颁定例目,又就光绪元年县志为断。盖发明颇尠。然据上官序,则称其间订正旧志讹误,如县以在邵水阳名。邵阳旧治,自汉迄晋迄宋齐迄梁陈皆在今东乡安上都。邵水自系安上都桐江,昔时以龙山水、槎江水、檀江水为邵水源,皆非。近当旧治,误可不辨自明。此颇发从前未发之覆也。

第一卷为建置、政绩、兵事、耆旧,第二卷为氏族、户口、实业、宗教,第三卷为疆域、山脉,第四卷为道路、物产、商务。中多虚应功令之作,如宗教篇是,然大体较旧志为核也。

同治新化县志三十五卷

同治十一年知县关培钧修。前志修于道光十二年,知县林辛山也。

凡三十五卷,一至七舆地志,八建置志,九食货志,十学校志,十一、二政典志,十三祠祀志,十四、五官师志,十六、七选举志,十八至三十二人物志,三十三至三十五艺文志。

新化本宋梅山蛮地,熙宁五年开复梅山,析其地为二:安化为下梅山,隶潭州;新化为上梅山,隶邵州。道咸以来,邓显鹤、邹汉勋为邑名宿。

本书舆地篇于每村之山川风物故迹及居民大姓一一疏列,为地志中最完美之体裁,故独占七卷之多,实一书之骨干也。

据本书艺文志:

万历志七卷　万历戊子知县姚九功修

康熙前志十一卷续志十二卷　康熙辛丑知县于肖龙修

康熙后志　康熙己未知县王国玉修,今佚

乾隆前志十卷　乾隆乙亥知县戴高修

乾隆志二十七卷　乾隆己卯知县梁栋修

道光志三十四卷　道光十二年知县林联桂修

同治城步县志十卷

同治六年知县盛镒源修。

据凡例,县志前明虽经数辑,已成灰烬。康熙二十四年永年王公纂辑成书,虽云重修,实创修也。乾隆五十年续修,因陋就简。嘉庆二十四年重修未刻。康熙王令名谦,乾隆志修于知县贾构也。

凡十卷,依嘉庆中省颁通例分目。

城步巡检司置于洪熙中,宏治十七年始立县。

同治武冈州志五十四卷

同治十三年知州黄维瓒修,州人邓绎纂。

旧志为新化邓显鹤撰,自云兼师灵寿、永清二志。显鹤湖南名士,其文笔自不凡。今本大体依仿,而略变其名称。其例言十五条,文字精湛,足为振裘挈领之用。

凡五十四卷,一古今大政志,二沿革表,三封建志,四、五职官志,六武职志,七至十选举志,十一形胜沿革图,十二疆域图,十三山川图,十四、十五疆域志,十六、十七山川志,十八封建志,十九官制志,二十至二十一官师志,二十二贡赋志,二十三礼仪志,二十四至二十六秩祀志,二十七学校志,二十八风俗志,二十九兵制志,三十刑法志,三十一工作志,三十二五行志,三十三至三十九艺文志,四至五十一人物志,五十二残明兵事志,五十三峒蛮志,五十四拾遗志。

武冈为汉都梁侯国,晋太康中分置武冈、建兴二县。宋升为军。元升为路。洪武中降府为州。本书大政志(现)详历代兴废兵革政事之大,复以沿革舆图表其今昔之殊,其例言所谓专家之能事不能不归功于前志者也。明末流寇来扰,桂王曾暂驻此州;吴三桂称尊号,此地亦被兵。事尤繁复,故别为残明兵事志。武冈蛮獠屡见唐书,马氏据楚时曾来归附。自宋迄明清,屡有苗乱,然不一其姓,盖不似靖州蛮之统于一族也。本书言武冈所属有菥溪小坪暨猫猺十三处,恭顺向化。雍正以后,猺童应试且例取三名也。又载其风俗语言颇详,皆见峒蛮、拾遗两志。

光绪新宁县志二十六卷

光绪十八年知县张葆建修。

据例言:"新宁志以前无考,道光三年邑令张德尊补辑前任安舒所修县志三十二卷。"兹采其可录者,分别门类为二十六卷。然艺文志中有万历丙子董其昌视学时为县令沈文系所修志作序,康熙癸卯知县崔錡、乙丑知县牟国镇、嘉庆二十三年知县安舒亦各一修,云无考何也?

凡二十六卷,一舆图形胜志,二沿革表,三疆里志,四职官表,五至八人物表,九、十列女表,十一山水志,十二赋役志,十三水利志,十四典礼志,十五学校志,十六兵事志,十七营造志,十八祥异志,十九风俗志,二十物产志,二十一至二十四艺文志,二十五名宦传,二十六人物列女传。

绍兴二十五年知武冈军赵善教始请复故临冈县,置新宁县,属武冈州,雍正二年改属宝庆府。

其疆里志颇足与新化志媲美,其人物表记咸同从军人物(其)〔甚〕繁。

方志余记三

康熙衡州府志二十三卷

康熙十年知府张奇勋修，郡人周士仪、邹章周同纂。

据周序："衡志昉自有元明，正统中纂于郡人范礼，继增于刘侍御辙，再辑于伍大参让。"刘、伍二序文尚录存卷首，可供参考。

本书凡二十三卷，一、二封域志，三营建志，四、五赋役志，六、七学校志，八风土志，九至十一秩官志，十二至十四选举志，十五武备志，十六、十七人物志，十八列女志，十九至二十一艺文志，二十〔二〕祥异志，二十三外志。缺卷三、四、十一至十六。

卷五末附盐政，虽占纸其数叶，而叙述简洁。黽举在昔衡人赈食粤盐之为累，历历如绘，亦较好之史料也。

风土志颇能注重时代背景立言，固较他志为优。其称"兵燹以来，死徙多而耕户少，向之阡陌，半就污莱，募佃以垦，三年后始议输租，又必先减其岁入之额，而遒为卒业。稍有水旱，佃辄藉口以逋其入。少加督课，遂以逝将去汝睚眦主人。主人惟恐田污，不得不听命于佃。至于催科之急、徭役之繁，佃不与也。故年来殷实化为窭人，而簌簌者方有谷也"。只此寥寥百余字,已将丧乱后畸形之社会深刻表现出来,诚记事之能手也。

考衡阳郡置自吴孙亮太平二年,嗣后名称屡易。明洪武三年,改路为府,属县六,八年改桂阳路为州,省平阳,唯辖临武、蓝山二县。来属,隶湖广等处承宣布政使司,建守巡,分建衡州,隶上湖南道。

正统十四年专建巡抚于各省,衡州既属湖广抚院,又以桂阳临蓝地近岭峒,兼听南赣巡抚节制。天启初建偏沅巡抚,而衡州又受辖焉。崇祯十年分桂阳临武县地置嘉禾县。清仍其旧。凡领州一县九。

按此书又有康熙二十三年刻本,据称知府谭弘宪续修,而秉笔者则仍为周士仪、邹章周二人,内容亦毫无增损,只多周士仪后序一篇。然亦明谓"昔年纪风编俗之书,每载行笥,未尝去也",盖谭弘宪充其量亦不过出赀重刊耳,乃妄窃重修之名,徒淆观听,无耻之尤者也。

同治衡阳县志十一篇

同治十一年乡人兵部侍郎彭玉麟修,实王闿运撰也。王氏未署名,然全书皆其手笔,可一望而知也。

按本书艺文志,明嘉靖中有衡州知府杨珮及万历中伍让所撰府志而无县志。康熙四十三年知县张廷相始修县志,五十六年知县高清续修,雍正十年知县杨纯又修,乾隆二十六年知县陶易又修,道光元年知县严焕又修。

书凡十一篇。疆域第一,事纪第二,赋役第三,建置第四,官师第五,礼典第六,列女第七,山水第八,艺文第九,货殖第十,序第十一,而图表之属各随宜附焉。王氏桂阳、湘潭两志,皆是此体。导源龙门,俯视道将,山水之篇,则师郦氏,可谓荟萃众长者也。其事纪巨细备书,礼典不录通制,货殖详于物价,皆流俗所蔽,而王氏独启之。惟艺文强模《汉书》,非美制耳。

衡阳为衡州府倚郭县,盖本汉承阳县,又为钟武重安侯国,建安中改曰临蒸,然晋孝武时移临蒸治于湘东。隋平陈,改临蒸为衡山。唐开元中定名衡阳,始为今地今名。

同治清泉县志十二卷

同治八年知县王开运修,嘉定张东墅纂。

据跋,乾隆癸未仪征江君恂纂辑县志,更历百年,至咸丰辛酉,邑人杨观察江倡议增修。周广文钧殚数寒暑之力,草创略具,属湘潭王孝廉闿运润色之,会就聘桂阳州,未竟也。

凡十二卷,首舆图详文,一地理,二建置,三祠祀,四贡赋,五学校,六官师,七选举,八、九人物,十艺文。卷末事纪、杂识。

本书官师、选举悉从分县始,人物诸传及艺文内著录书籍亦断自乾隆,固犹不失于滥收也。

县故衡阳地,乾隆二十一年析衡阳东南境置县分治。

弘治衡山县志六卷

弘治元年知县刘熙修,民国十三年县人康和声重刊。

康氏序云:"县志向以为始明嘉靖四年知县彭簪,相沿至今,已三百余年。癸亥之夏,余供职教育部,见旧志于京师图书馆,其书为弘治元年知县刘熙重修……熙自序称沩山县志作于前令李滴。滴以成化九年来知县事,则又在弘治之前二十余年矣……余覆加核校,见其中精华所在,不独可识邑志之渊源,抑且可订后来之阙误。如卷五韩阳重修社稷坛记、陈镒重修庙学记,原本相次,后来各志删改后幅之文,以充学记后幅,俨然成篇,其为学记与否则非所论,以学校之大尚且如斯,其他各门疵颣盖不胜枚举。此可正后来之误者也。此志在嘉靖岳志未分以前,县志即岳志也,其中山川、寺观、古迹、仙释各门,多本宋陈田夫《南岳总胜集》,而诗文二类所载,于岳独多。今取最近之光绪《衡山县志》、李元度《重修南岳志》与此比较,计文五十一首,光绪志不及其半,其在岳志范围者,李志不及三分之二;诗二百五首,光绪志、李志均仅七分之一。盖自嘉靖以来,展转裁割,后遂相沿,无从采入。此可补后来之阙者也。"

是书虽修于弘治元年,而文类中有弘治四、六、八、十等年祀岳文,诗类中有知县周镗诗,镗来任在弘治五年、十年,故知有弘治十年以后之续补也。

凡六卷,一建置沿革等,二土产等,三公署等,四宦迹等,五文,六诗。

县志不当泛及南岳,本书山川门因衡山而及他县境内之事,不免于滥无归宿矣。

康熙衡山县志二十九卷

康熙十年知县王家贤修,邑人萧士熙纂。

据凡例:"旧志明王侯三畏修自万历十三年,张侯国伟修于万历四十八年……王典而切,张曼而肤……今于王录其三四",盖是时奋志尚存也。

凡例称"旧志详于山水、诗文而略于徭赋、土田、农桑、水利",又称"旧志以科目为人物",则非佳志可知矣。

书二十九卷,一沿革,二分野,三户口,四土田,五赋役,六疆里,七建置,八物产,九水利,十风俗,十一学校,十二礼乐,十三山川,十四形胜,十五官师,十六祭祀,十七选举,十八人物,十九贞烈,二十古迹,二十一侨寓,二十二八景,二十三陵墓,二十四祠庙,二十五纪异,二十六灾异,二十七艺文,二十八诰敕,二十九寺观。其分门已如此重复踌驳,亦无足观也。

按三国时吴太平二年析湘之南部为湘西、衡山两县,是为衡称县之始。六朝间为郡为国,建置屡易。至隋废衡阳郡,并湘乡、湘西为衡山县,大业六年改治白马峰下,唐迁白茅镇,即今县沿也。自晋迄元,县属潭、属衡不一。明洪武十一年,以衡山属衡州府。清仍之。

道光衡山县志五十五卷

知县张富业修,盖开局于嘉庆二十三年九月,成书于道光三年九月也。

邑志彭簪所修,已不可复睹。厥后续修者为王三畏、张国伟。康熙初邑令王家贤得张志而续辑之,康熙庚子葛令亮臣又从而损益之,其后德贵钟光又续之,盖其时乾隆三十九年也。

书凡五十五卷,一星野,二图考,三建置、沿革,四疆域,五形势,六山川,七户口,八田赋,九水利,十城池,十一关隘,十二津梁,十三古迹,十四公署,十五学校,十六祀典,十七祠庙,十八风俗,十九兵制,二十屯田,二十一边防,二十二驿传,二十三铺递,二十四苗猺,二十五武功,二十六屯练,二十七寺观,二十八盐法,二十九茶法,三十钱法,三十一木政,三十二榷政,三十三矿厂,三十四蠲政,三十五职官,三十六选举,三十七封荫,三十八政绩,三十九人物,四十列女,四十一隐逸,四十二流寓,四十三仙释,四十四方伎,四十五古帝王,四十六故宫,四十七陵墓,四十八僭窃,四十九艺文,五十典籍,五十一金石,五十二物产,五十三祥异,五十四杂识,五十五外纪。

本书于木政、矿厂、钱法、榷政四项,只存名而志阙,殊为吾人所深惜也。

光绪耒阳县志八卷

光绪癸未知县于学琴主修,乙酉刊成,纂修者则县学教谕宋世煦也。据所列前代修志姓氏录为左表:

嘉靖壬子　主修知县　马宣

万历甲申	同	娄九成
万历丙辰	同	朱学忠
康熙辛酉	同	刘宗沛
康熙丙申	同	张应星
雍正乙巳	同	徐德泰
道光丙戌	同	常庆、陈翰

耒之为县历年久远，自明始隶衡州。庞统曾来服官，杜甫亦尝流寓，虽南州山邑，弥足发思古幽情。

是编谨守旧志成规，碌碌无甚足取，中有最可异者，如以汉之谷永入人物，不知何所根据。又书目中杂载湘中掌故及邑人撰述，既无区别，又不注明存佚，殊为杂凑。又风俗门载方言，甜曰清甜、酸曰津酸云云，实谓极甜曰清甜、极酸曰津酸，而志误以为泛指甜酸之意，皆足征其未加深考也。

志分八卷，一星野舆图等，二户口田赋等，三学校典礼，四职官政绩等，五列女，六人物，七古迹，八艺文。

同治常宁县志十六卷

同治九年知县玉山修，邑人李孝经等纂。

据玉序：“常邑自同治丙寅叠奉大吏檄饬纂县志，时代权者先为苏公干卿，后为贺公子英，两公皆履任未久，弗克蒇事。戊辰余来视事，乃访延邑名宿蹍修焉。”

凡十六卷，一沿革、天象、疆域、山水，二城垣、官署、学校、宫庙，三乡都(市亭桥渡附)，四藩封、秩官、循良，五赋役、兵防,六户口、风俗(时序附),七选举(荐辟、职官、武勋、封荫附),八耆旧,九艺文,十方伎、流寓,十一列女,十二坊塔、古迹、金石、名墓,十三寺观、仙释,十四物产、祥异,十五新纪,十六杂识。

县自唐天宝元年改新宁为常宁县,属江南西道衡州。梁、唐、晋、汉、周属楚。宋属荆湖南路衡州。元至元十九年升为常宁州,属湖广行省岭北湖南道。明洪武三年复为县,属衡州府。清因之,雍正十一年分桂阳州五十四户地入常宁县。

同治酃县志二十卷

同治十二年知县唐荣邦修。

据所载旧序,县志始修于明嘉靖时,兵燹后无复存者。继修于康熙九年,不十余载,县遭吴逆之变,简编残缺。康熙二十七年邑令黄文年重修之,康熙五十三年邑令张垚、乾隆二十六年邑令陈赓笏亦尝踵修,均仅脱稿,未付剞劂。迨乾隆三十年,知县林愈蕃乃折衷往牒,勒为成书。嘉庆二十二年又修之,至是而续修焉。

凡二十卷,一星野,二沿革,三山川,四炎陵,五营建,六田赋,七户口,八学校,九祀典,十武备,十一事纪,十二秩官,十三循良,十四选举,十五人物,十六列女,十七、十八艺文,十九寺观,二十拾遗。

酃旧隶云阳之茶乡,自宋宁宗嘉定四年,乃析茶陵军之康乐、霞阳、常平三乡置酃县。

方志余记四

同治桂阳州志二十七卷

同治七年知州汪敩灏请王闿运撰。

据叙志，吴张胜有《桂阳先贤画赞》，晋罗含有《湘州记》及《湘中山水记》，桂阳疑亦在记中。通志所列有周端朝《桂阳志》五卷，郑绅《桂阳图志》六卷。今州志传自前明穆宗时知州罗大奎，称前有戴氏旧志已六十年，则当明正德时。有州人何锐手录之书凡十一篇，万历时知州郭磐继修之。又九十年，入清，知州董之辅、张明叙、张宏燧、袁成烈先后增修。

其叙次颇异于他志：第一篇二卷，曰疆城志、曰沿革表；第二篇二卷，曰纪事；第三篇一卷，曰赋役志；第四篇一卷，曰工志及城图；第五篇三卷，曰州官表、曰官师列传；第六篇一卷，曰学校；第七篇三卷，曰礼志；第八篇三卷，曰兵志、曰军官表；第九篇四卷，曰人物列传及诸表；第十篇一卷，曰货殖传；第十一篇一卷，曰水道志图；第十二篇一卷，曰天文志；第十三篇一卷，曰洞徭志；第十四篇一卷，曰艺文志；第十五篇三卷，曰叙志、曰匡谬、曰小说。

本书有珍异之史料数种焉。一、赋役篇有嘉庆、同治两次户口数。分在城土著若干,铺店若干,寄籍若干,寺院尼庵若干。二、工志有道路邮亭之制。其言曰:"州四达皆不过三里辄有亭,亭以百计。富人宦家皆以造亭为美,其男女负担相属,故州境邮亭整洁冠天下。"三、礼志记矿神为地方特有之信仰。其言曰:"桂阳最重银矿,矿有神曰三堂。城北禹帝祠曰镇龙潭,北堂也;西宝王祠祀大凑山神,中堂也;南灵润侯祠,南堂也。大凑山祠自唐始,何文麃以为三堂分自洪武时。又有三堂庙,其神曰柴氏。柴氏者,相传以为周世宗时采银大凑,必皇族七郎十三娘兄妹也。或曰烧银同祀窑神柴氏兄妹,沿于柴窑、哥窑,又曰即宋祀七贤祠中之柴秘书也。"四、洞徭篇记桂阳徭族。然不言其所居何地,疆域篇中亦无一语及之,终为缺漏。其言曰:"明武宗时招八排徭酋盘潘喜、盘潘海居西山为徭总,官给牒,其子孙世充之,无职衔,群徭甚严敬二总,号为官,至今循其制。徭族盘赵最大,余杂姓吕、杨、黄氏为望姓。有盘白凤者,以博学能文试诸生,给廪饩,近岁杨士梁以军功至道员。徭中最富者亦致产一二万金,然贫者十之九云。"

桂阳设郡古邈,其始也跨岭设县,孙皓始割立始兴郡。隋唐以后为桂阳郡、为郴州,宋始析而为两,元立桂阳路,今州地。别有桂阳州,则汉桂阳、阳山二县地,今连州也。雍正十年改为直隶州,领县三,曰临武、曰蓝山、曰嘉禾。本书疆域篇制汉文帝以至明崇祯州郡图凡三十。其言云:"三千年间,一字之异名必为一图,正统伪朝,无判笔削。"

又云："诚知天下志郡邑皆如吾之图桂阳,则千古地理沿革之故昭然(答)〔若〕白日之照临。"信乎前古之所未有矣。然本州城乡图割裂巨幅分绘数纸,竟不能辨其方向,又何其疏陋无法也。

至于本州城乡图中地名之下多注姓氏,意盖其地世族。此亦郑君所谓欲知风化芳臭气泽之所及则旁行而览之,诚善法也。然不于疆域篇叙其说,则其用亦殊晦而不显矣。

疆域篇附录历代正史地志,足资参证。然事纪篇杂采史事,大至于南越之用兵,小至于民妇之产子,纷然杂陈,且并不注其出处,抑非史法矣。

综其体例要凡,略近章氏之说,而观其叙志,则偏注意于文词,非纯乎撰史之意也。

嘉庆常德府志四十八卷

嘉庆癸酉知府应先烈修。

前志修于康熙庚戌知府胡向华。胡志以前,据本书艺文志,知有陈志明、杨宣、陈洪谟各府志,又朱麟府志二卷、龙膺常德府志残本二卷,时代不可知矣。

至属县各旧志搜考尚详,逐录如左:

应能武陵县志

唐祚培武陵县志

汪虬桃源县志四册　康熙二十四年罗人琮辑

王良弼续志二册　雍正七年文曙辑

蔡荫龙阳县志四册　康熙二十四年邑人陈一揆辑

顾智沅江县志二册　康熙二十年知县顾智修

杨尚载沅江县志稿六册　嘉庆十一年教谕骆孔僎修、编修陶澍点定

毕沅常德府志稿　乾隆五十八年辑于湖北

书凡四十八卷：为纪二，曰皇朝大政纪、古大政纪；为考十，曰舆图、曰山川、曰建置、曰赋役、曰秩祀、曰风俗、曰学校、曰武备、曰物产、曰艺文；表四，曰封建、职官、选举、人物；略一，曰政略；其余为传七，而附以文征八卷、丛谈三卷。盖用毕沅督湖广时主修之志例也。

同治武陵县志四十八卷

同治二年前知县孙翘泽修，县人前江西巡抚陈启迈纂。

据凡例，县志自宏治时县令应能纂辑后，迄未成书。

凡四十八卷，一至七地理，八至十五建置，十六至十九食货，二十灾祥，二十一二学校，二十三至二十五武备。二十六至三十职官。三十一至三十四选举。三十五至四十四人物。四十五至四十八艺文。多采通志、府志及史书条列而成。

武陵置自隋，朗州治所，故明以来为常德府附郭县。

嘉庆沅江县志三十卷

嘉庆十三年知县唐古特、教谕骆孔僎修。据其序，则

曾经陶文毅（澍）之润色也。

前志修于康熙三十五年知县朱永辉。朱志前无考矣。

凡三十卷：一星野，二舆图，三沿革，四疆域，五山川，六城池，七公署，八赋役，九仓储，十水利，十一学校，十二典礼，十三秩祀，十四礼器图志，十五塘汛，十六铺递，十七恤政，十八风俗，十九物产，二十古迹，二十一坊表，二十二祥异，二十三职官，二十四选举，二十五人物，二十六列女，二十七流寓，二十八方外，二十九艺文，三十拾遗。

沅江为梁元帝时重华县，开皇中改今名，五代时始属朗州，明以来为常德府属县。明代襄汉一带多筑堤垸，水势渐南，县境多沦于水，万历十三年乃筑太平、安乐等垸，此沅江修水利辟湖田之始。近时此事大兴，惜志太简略耳。

康熙辰州府志八卷

康熙五年知府鄂翼明修。

卷首载旧序二篇，而无作者姓名及年月，序文亦无一语叙及修志之沿革，致令吾人今日亦无从紬绎其线索，诚憾事也。

凡八卷，一地图、沿革、星野、灾祥，二山川、形胜、古迹，三城郭、公署、杂创，四田赋、物产、风俗、户役、祀典，五秩官，六荐辟、科贡、人物，七边防、方外，八艺文。二、三、四缺。

据沿革门，辰州始置自隋开皇中，唐属江南道，宋属荆湖北路,元升为辰州路,明改为辰州府,属湖广布政司湖北道,领州一县六,清因之。

道光辰溪县志四十卷

道光三年知县王景章继前任修成。

据所录旧志姓氏,盖有万历知县曹行健、雍正知县陈承虞二本。

凡四十卷,为星野、图考、沿革、疆域、山川、户口、田赋、水利、城池、津梁、古迹、公署、学校、祀典、祠庙、风俗、兵制、驿传、武功、寺观、矿厂、蠲政、职官、选举、封荫、政绩、人物、列女、流寓、仙释、方技、邱墓、僭窃、艺文、典籍、金石、物产、祥异诸志及杂识、外纪二篇。

辰州为产丹砂之地,而本书矿厂志仅及铁而未及砂,惟杂识篇引《六研斋二笔》略言之。又祠庙志飞山庙一条,未详其原始,亦于杂识篇略言之。按飞山庙祀杨再思,固唐宋以来黔楚间所崇祀,所谓没而功德在民者也。

同治溆浦县志二十四卷

同治十二年知县齐德五修,邑人舒其锦纂。

溆浦自清初流贼扰乱后,旧志荡然无存。康熙二十五年知县袁丕基始修之,乾隆二十七年知县陶金谐再修之。越百余年,至是又续修焉。

书凡二十四卷,一星野,二沿革,三山水,四水利,五疆域,六城郭,七赋役,八风俗,九学校,十书院,十一兵防,十二秩官,十三选举,十四人物,十五仕宦,十六武勋,十七贞节,十八封赠,十九坛庙,二十寺观,二十一祥异,二十二艺文,二十三杂识,二十四补遗。

唐高祖武德五年析辰溪始置溆浦,其后隶属屡易,则棼然难纪矣。

方志余记五

乾隆永绥厅志四卷

乾隆十六年同知段汝霖修。

厅故红苗区域,清雍正八年始改土归流,至是才廿余载耳。据序称"厅志草创于前任梁丞之手,因镌费未偿梓人,留刻板四十余页。嗣梁丞离任,志亦因之散佚",盖事在乾隆三年也。

书分四卷,其目如次:一星野、舆图、城郭、形胜、开创、学校、祀典、公署,二秩官、风俗、山川、市廛,三都里、古迹、田赋、户役、仓储、兵制、灾祥、选举、人物、寺庙,四物产、艺文。

光绪乾州厅志十六卷

光绪三年知厅事林书勋修。

厅志始修于乾隆三年,曾再修于嘉庆二十三年。

凡十六卷,一星野、舆图、沿革、城池、公署,二疆里、山川,三坛庙、田赋,四典礼、学校,五风俗、兵防,六屯防,七、八苗防,九职官、名宦,十乡宦、选举,十一人物,十二列女、流寓,十三物产,十四至十六艺文。

书于兵屯、苗防言之颇详,亦留心边徼者之一助也。

厅故民苗杂处地,宋元以前率皆隶于土司,明洪武初设镇溪军民千户所,其设厅则自清康熙四十三年始也。

道光晃州厅志

道光五年通判俞克振修,训导梅峰纂。

嘉庆丙子始割芷江县属之晃州驿设直隶厅,至是始有志也。

凡四十四卷,一星野,二图考,三建置、沿革,四疆域,五形势,六山川,七城池,八关隘,九津梁,十水利,十一公署,十二户口,十三田赋,十四蠲政,十五积贮,十六矿厂,十七盐法,十八学校,十九典礼,二十祀典,二十一兵制,二十二边防,二十三屯田,二十四武功,二十五驿传,二十六铺递,二十七职官,二十八选举,二十九人物,三十列女,三十一隐逸,三十二流寓,三十三仙释,三十四苗猺,三十五僭窃,三十六风俗,三十七物产,三十八祥异,三十九古迹,四十祠庙,四十一寺观,四十二艺文,四十三杂识,四十四外记。

按序例,其时方奉修通志之檄,故依颁发式样而撰。苗猺一篇,宜为晃厅独有之史料,而志以境内并无苗猺,仅刺取史事之涉及苗患,条录寥寥。

同治沅州府志四十卷

同治十二年知府周辒继前任修成。按周序称"于同治十二年九月竣其事”，而卷首又著有“同治十年岁次辛未刊”，是诚知难以索解，抑手民潦草至此与。

沅自乾隆初元升州为府，七年郡守朱琰创修府志，未付剞劂。至二十二年，知府瑭珠续修之，始勒成专书。五十五年〔知〕府张官五又曾倡修之，而未几督漕北去。综其成者，实芷江令龚君华腾也。

兹编为卷四十，一星野，二沿革，三疆域，四、五山川，六城池，七乡都，八关隘，九津梁，十塘堰，十一公署，十二户口，十三田赋，十四蠲恤，十五积贮，十六、十七学校，十八坛庙，十九风俗，二十物产，二十一军制，二十二驿递，二十三、四职官，二十五、六选举，二十七名宦，二十八、九人物，三十、三十一列女，三十二记兵，三十三古迹，三十四寺观，三十五仙释，三十六祥异，三十七至三十九艺文，四十拾遗。

郡故为州，领黔阳、麻阳二县。乾隆元年升为府，增置芷江县附郭，领县三。

同治黔阳县志六十卷

同治十三年知县吴兆熙继前任修成，新化易燮尧纂。

据凡例：“黔阳志始南宋佻令敏学，元则朵儿赤云甫，明则余茹，三书皆不传矣。国朝康熙丙午张氏蓉园始纂辑十卷，雍正癸丑王氏剑虹增修，皆体例未谙，而简陋讹舛，邱貉相仍。乾隆己酉，姚氏慎亭举而更之，较之张、王旧编，殊为完善”，是即其修志之大略也。

本书六十卷,一恭纪圣谕、钦颁书籍,二皇朝大政纪,三古大政纪,四星野表,五沿革表,六舆地图,七至十山川考,十一、十二古迹考,十三吏书,十四至十八户书,十九至二十二礼书,二十三兵书,二十四至二十六工书,二十七、二十八职官表,二十九、三十选举表,三十一、三十二政绩略,三十三武功略,三十四艺文略,三十五至四十五列传,四十六至五十四列女,五十五、五十六载记,五十七至六十外篇。

兹编凡例,自称用章氏学诚永清志例,故其纲目详明,自较他志为优。惟开卷即冠以圣谕与钦颁书籍,在吾人今日视之,则不免谀而陋矣。

黔阳县汉为镡成县,自后名称屡易。五代时属楚,后为蛮所据。宋熙宁七年收复,置黔江城,元丰三年改置黔阳县,属沅州。元因之。明属辰州府。清乾隆元年改属沅州府。

同治麻阳县志十四卷

同治十二年知县吴兆熙继前任姜钟琇修成,溆浦刘士先、永绥王振玉纂。

据序:"麻阳有志创于有明万历,续修于国朝康熙、雍正、乾隆间。"然所载旧序则仅有万历十八年与康熙三十年原序各一首,盖其详不可知矣。

书分十四卷,一星野、疆域,二建置,三赋役,四学校、庙祀、沿革,五物产、风俗、灾异,六秩官,七选举,八人物,九列女,十、十一艺文,十二外纪,十三兵防,十四志余。

邑本隋沅陵、辰溪二县地。唐武德初置麻阳县,属辰州,垂拱初改置锦州,嗣又析置龙门县。宋初析置招谕县,熙宁间又改招谕为麻阳,隶沅州。元因之。明隶沅州,属辰州府。清乾隆元年改隶沅州府。

方志余记六

道光永州府志十八卷（同治丁卯重刊）

道光五年知府李宗传继前任修成。

按序云："府志明时凡再修，书皆失传，康熙中复再修之，规模略完。"康熙再修，一修于九年知府刘道著，再修于三十三年知府姜承基也。

凡十八卷，一星所舆地图经，二名胜志，三、四建置志，五风俗志，六秩祀志，七食货志，八武备志，九艺文志，十古迹志，十一职官年表，十二选举年表，十三良吏传，十四寓贤传，十五先正传，十六列女传，十七事纪略，十八金石略。

其舆地图经一项，至两册之多，分县详绘，疏解明密。风俗一志，多至一册，所记多实事，皆他志所未有也。事纪一略，取材丰富，巨细必书，实足当永州史表之目，较他志之仅录兵事灾祥寥寥数语者远胜。加以文笔雅正，刊刻精工，弥为杰出。

永州始置于隋，清制辖州县七，零陵、祁阳、东安、宁远、永明、江华、新田、道州也。

光绪零陵县志十五卷

光绪元年知县稽有庆修，龙山刘沛纂。

按凡例，县志自康熙初年始有专书，嗣是王令元弼、武令占熊相继续修。嘉庆丁丑宗令需复辑补零两卷，殿居末。同治辛未当事以纂修通志檄取县志，乃相与搜讨故实，开局编辑，始事于壬申之冬，告成于乙亥之春云。

兹编凡十五卷，一地舆，二建置，三祠祀，四田赋，五学校，六官师，七选举，八至十一人物，十二事记，十三、十四艺文，十五杂记、补遗。

零陵故郡名，自宋雍熙元年析零陵地置东安县，而零陵附郭为首邑，元、明无改，清因之。

同治祁阳县志二十四卷

同治九年知县陈玉祥修。

按所存旧序，盖康熙八年知县王颐、十九年知县王霭、雍正十九年知县王式淳、乾隆三十年知县李莳、嘉庆十七年知县万在衡。

凡二十四卷，一舆图，二星野，三沿革，四山川，五浯溪，六疆域，七寺观，八物产，九职官，十兵防，十一宦迹，十二流寓，十三选举，十四人物，十五列女，十六赋役，十七积储，十八典礼，十九学校，二十秩祀，二十一置建，二十二风俗，二十三艺文，二十四杂撰。

孙吴时置县，唐以后隶永州，元结作颂之浯溪，即在县南，故志特辟一篇，以纪其文。

光绪东安县志八卷

光绪元年刊,不著修者。

凡八卷,一疆域,二事纪,三田赋,四建置,五官属表、列传,六节妇表、文职表、武员表、诰命表、阵亡表、寿民表、选举表、寿妇表,七列传,八山水。凌乱无绪,不可卒读云。

光绪道州志十二卷

光绪三年知州盛赓继前任修成。

据序:"州志创始于前明,增修于国初,续修于嘉庆丙子。"至是盖相距六十年又一修焉。

书凡十二卷,一方域志,二建置志,三赋役志,四职官志,五学校志,六兵防志,七先贤志,八选举志,九人物志,十风土志,十一艺文志,十二杂撰志。

州古舂陵地,明洪武初始定是名,隶永州府,清因之。

光绪宁远县志六卷

光绪丙子知县张大煦修。

按旧序,盖康熙丙子知县沈仁敷、康熙己丑知县徐旭旦、乾隆癸酉知县钟人文、嘉庆壬申知县曾钰各一修。

凡六卷,一星野,二建置,三赋役,四山川,五学校,六武备,七人物,八风俗。

县为唐道州延唐县,宋乾隆道中改今名,其山曰九疑,曰舂陵,其浸曰泠水,曰舂水,曰潇水,舜陵即在县南。

县有猺峒,本书不载其习俗,盖与汉人同化矣。

同治江华县志十二卷

同治九年知县刘华邦修。

据所录旧序,志始于万历二十九年知县刘时征,续修于顺治八年知县王克逊、十二年林调鹤,再修于雍正十一年知县邓鼎勋。

江华古冯乘县,唐武德中置今县,隶营州,继隶道州。

书十二卷,一方域,二建置,三赋役,四职官,五学校,六典祀,七兵防,八选举,九人物,十风土,十一艺文,十二杂记。据其凡例所述,盖已于前志之芜陋订正不少矣。其杂记一篇述猺峒事,亦古今得失之林也。

嘉庆新田县志十卷

嘉庆十七年知县黄应培继前任张厚湄修成。

邑志创始于康熙九年知县钟运泰,至是始续修也。

书为十卷,一天文,二地舆,三建置,四学校,五秩祀,六职官,七民赋,八人物,九艺文,十杂志。

县自明末己卯分割宁远地方之辽阔者,始建邑焉。

康熙靖州志六卷

康熙二十三年知州祝钟贤修。

据凡例,靖志久湮,只得郡人贾成贤所纂新志若干卷,又得万历间唐宗元旧志上卷,盖即此编所据以续修者。

凡六卷,一舆图、沿革、星野、疆域、形胜、风俗、山川、古迹,二则壤、户口、税粮、物产,三城池、公署、学校、坛庙、邮舍、关梁，四文秩、名宦、武秩、武勋，五选举、乡贤、人物、忠义、节烈、流寓、宅墓、仙释、灾异，六艺文。

州始自宋崇宁二年杨晟臻纳土贡赐名靖州，领县三。自明万历以后，领县四，曰会同、通道、绥宁、天柱是也。

靖州乡土志四卷

光绪三十四年知州金蓉镜撰。

据《宋史·地理志》：熙宁九年收复唐溪洞诚州，崇宁二年改为靖州，是为立州之始。元为靖州路，明曾升府，其地望雄重可知，领县曰会同、通道、绥宁也。

诚州在五代时为杨氏所据。本书据《杨氏家谱》，称"杨再思于唐昭宗朝由淮南丞迁辰州长史，结营飞山，与李克用同受绢诏征，道长梗阻，众奉为诚州刺史，威名日著，奉唐正朔，宋开宝中追封英惠侯"。其所举淮南丞、辰州长史官名皆有误，然既云"至今靖俗呼再思为飞山太公，犹每岁六月作太公会"，则民间传说甫及千年，或不为无自。要之西南民族之历史，久为中原人士所忽，金氏按剟而存之，可云卓识矣（永顺彭氏与杨氏约略同时，彭氏纳土较迟，故其历史较备矣）。

本书四卷，一沿革、政绩、兵事、耆旧，二人类、户口、氏族、实业、地理，三、四物产、商务。

其人类一篇，判别州人种族，有回人、獞人、汉、苗之分，以姓系种，以户系姓，部分犁然，可与氏族一篇互证。就中取丁氏谱谍，上溯其由阿拉伯入居中国之始，从来撰志者曾无如是精密,实最可珍也。

物产一篇,几占两卷,其法以土名为主,附加考证,详述种类形状,兼及制造品之制法、销路、销额、售价,与夫他志之侈言名物、羌无实用者不侔矣。

康熙会同县志八卷

康熙十二年知县曹兴隆修,县志自明嘉靖甲子一修后,至是百余载始续纂也。

书凡八卷,分地理、食货、建置、秩官、礼制、人物、词翰、方外八志,为目四十有八,共订一册,亦志中一备员已耳。

县置自宋崇宁二年,故牂牁地,境与苗壤接。

方志余记七

同治桂东县志二十卷

同治五年知县刘华邦修，邑人郭岐勋纂。

按邑之有志，明洪武、永乐、万历间曾三修之，明季遭献贼及红寇蹂躏，荡然无存矣。入清则始修于康熙二十二年，再修于乾隆二十三年，再修于嘉庆二十二年，至此而四修矣。

全书二十卷，一星野、沿革，二疆域，三建置，四田赋，五学校，六秩祀，七兵防，八物产，九风俗，十古迹，十一祥异，十二职官，十三选举，十四名宦，十五人物，十六节烈，十七、十八艺文，十九寺观、仙释，二十杂志。

桂东旧隶桂阳郡，为郴义县，自宋嘉定四年安抚使曹彦约以芘袍峒贼出没不常，奏请析宜城、零陵二乡为桂东县，此桂东分县之始。

乾隆永顺县志四卷

乾隆五十八年知县黄德基修。

据序，雍正七年始改土归流，知县李瑾因康熙间彭氏旧志创为之，乾隆癸亥知县王伯麟复修。

凡四卷,一图象志、地舆志、建置志,二学校志,三秩官志、祀典志、赋役志,四风土志、艺文志、人物志、选举志,颇存土司旧制。

同治永顺县志八卷

同治八年知县唐赓修,继乾隆志而作。

凡八卷,一疆域、建置,二学校、武备,三典祀,四赋役、职官,五选举、人物、列女,六风土、艺文,七古丈坪辑略,八杂识、土司辑略等。

民国永顺县志三十六卷

民国十三年知事鲁隆益始修,邑人张孔修纂,十九年刊成。

永顺自雍正间改土设府,十三年知县李瑾创修县志,乾隆九年知县王伯麟再修,二十八年知府张天如创修府志,五十八年知县黄德基三修县志,同治八年知县唐赓四修县志,同治十三年知府魏式曾续修府志。

凡三十六卷,一至六地理,七至十建置,十一至十三食货,十四至十九职官,二十至二十二学校,二十三选举,二十四至二十六武备,二十七至三十一人物,三十二至三十四艺文,三十五刊讹、旧志遗规、修志通例等,三十六杂事、采辑书目等。

是书考证旧误,极为精审,如旧志误以静边都指挥使、陇西县开国男为本郡地名之类,边人罕知文史,致有此讹。

本书艺文志所著录,有明永顺宣慰彭世麒所著《宣慰司志》,清永顺张汉杰所著《南渭州土知州谱》,不知撰人之《驴迟洞长官向氏谱》,彭朝作之《永顺司宗谱》,涂大熙之《涂氏宗谱》,皆极珍异之史料也。

观卷末所附修志意见书,略称旧志金谓永顺僻处南荒,自五季彭氏袭爵后,无籍可征,故其书咸详于改土以后,而略于未改土之前,不知前闻鳞爪,散见各书,苦于无人为之荟集。如彭士愁一人也,《旧五代史》《十国春秋》本作"士愁",而《通鉴》《楚纪》作"彦晞",《新五代史》《文献通考》作"士然",《续通志》作"自然",《湖南通志》又谓有作"士愍""士愁"者。李弘皋一人也,《十国春秋》本作"李弘皋",而《五代史补》《三楚新录》《方舆胜览》《张氏府志》均无"弘"字,但作"李皋"(按此自避宋讳而去弘字也),此纪名之不同者也。彭士羲之僭号补官也,《宋史·溪(洞)〔峒〕诸蛮传》固详载矣,而仁宗、神宗两纪,徐的、郭逵、魏瓘、李肃之、雷简夫、窦舜卿、彭思永诸传亦载之。鲁万丑之逞兵作乱也,《元史·刘国杰传》固详载矣,而《伊喇元臣传》及《辰州府志》《苗防备览》亦载之。彭明辅父子之奉调出征也,《明史·湖广土司传》固详载矣,而张经、任环、俞大猷诸传亦载之,此纪事之不同者也。至选举、学校,土司时无之,自应以归流后为权舆。然如《司宗图》所载聘樊子珍聘张天佑建若云书院,《明史稿》所载诏土官应袭子弟悉令入学,《辰州府志》所载彭明辅为辰州学生,诸事虽或寥寥,亦当探厥本原。若李志未志艺文,姑置无论,即王、黄二志,古文中仅《铜柱记》一篇,唐志亦只益《祭土兵文》一篇,盖谓有明以前之文字不过此耳,岂知赐彭允宗、彭儒武两敕书,见于《苏东坡集》;剿俄夷、平广西诸谕,见于《司宗图》;担承苗疆议,见于《苗防备览》;调土兵利害疏,见于中枢奏议,皆斑斑可考乎,此言文献之坠落,信乎有心人之论也。

永顺在南朝为武陵郡大溪县,唐析辰州置溪州。五代时彭氏世据其地,自置二十余州。元为永顺等安抚司,明为宣慰司,雍正五年宣慰使彭肇槐归附,遂设府,而以永顺为附郭县,更辖龙山、保靖、桑植三县及古丈厅。

同治保靖县志十二卷

同治十年知县林继钦修,训导袁祖绥纂。

据旧序,邑志始修于雍正九年知县王钦命,至是又百余年矣。

凡十二卷,一天章志、星野志,二舆地志,三食货志,四学校志,五武备志,六祀典志,七职官志,八选举志,九人物志,十列女志,十一祥异志,十二艺文志。

保靖在汉属迁陵,后为土司所据,历晋、唐迄明季,千余年矣。清雍正五年改土归流,七年奉旨设县,

光绪古丈坪厅志十六卷

光绪丁未同知董鸿勋撰。

厅本为土司,丈原作仗,亦作长。雍正四年永顺宣慰

彭肇槐纳土，奏设永顺同知，而治于古仗坪，七年设府，此地为永顺督捕同知驻所。道光二年，始改抚民同知，与乾、凤、永称苗疆四厅。所辖民寨二百二十有八，苗寨五十有八，曰民、曰土、曰客、曰章、曰苗，五种杂居。其曰章者，盖对生苗而言也。彭氏自五季以来，抚有下溪二十州，至雍正间归江西吉安原籍，其子孙亦散居于永顺各处（见卷三）。观马殷铜柱誓词（见卷十六），不胜怀古之感。本书作者自云欲求彭氏所以治州善政，集为一篇，乃不可得。每闻厅人言土王彭氏，如昨日事。然则西南古民族之历史，湮没不称者多矣，本书犹能惓惓于此，故非寻常修官书者可及。

凡十六卷，卷一为作者治厅之公牍，二、三、四为疆域、建置等，五、六、七、八为兵屯、仓学之制，九、十为民族、民俗，十一为物产，十二为通考，十三、十四为人物，十五、十六为艺文。其编次殊不分明，体例差为诡异，盖史料之辑编，虽未整理就绪，犹胜于不知而作者也。其中民族民俗之史料，尤为丰实矣。

甘肃

乾隆狄道州志十六卷

乾隆二十八年知州呼延华国修。

狄道在宋元以来为临洮府附郭县，乾隆三年题改临洮府，移治兰州，升狄道为州，及十年而知州张永淑有州志之辑。据所载旧志纂修姓氏，则明临洮府志修于县人王中，清府志修于知府季佺,狄道县志修于知县李观我也。

书凡十六卷,一星野等,二职官等,三贡赋,四学校等,五祠祀等,六兵防等,七名宦,八、九、十人物,十一神异等,十二至十四艺文,十五纪事,十六拾遗。其胪列古事有泛涉陇西上郡者,抉择未严,是其所短。

末附《宣统续志十二卷》,不著撰人及年月,于同光回乱事实略有补苴,然空文颇连篇幅也。

嘉靖平凉府通志十三卷

嘉靖庚申平凉县人、前山西巡抚赵时春撰。

据其自序,称分守参政胡松、分巡佥事姚九功请于抚按,令有司搜故实,以谓时春重加参考,爬罗遗漏,黜浮为雅,核伪存质,勒成府志共十三卷。其一、二、三俱府志,分目曰建革、山川、户口、田赋、物产、坛祠、藩封、官师、兵制、学校、人物、孝节、风俗、河渠、寇戎、寺观、祥异,卷四平凉县,卷五泾州,卷六灵台县,卷七静宁县,卷八庄浪县,卷九固原州,卷十镇原县,卷十一华亭县,卷十二崇信县,卷十三隆德县。

全书叙次简陋,篇简错乱,加以纸墨漫漶,几至不可卒读,明人著书之率,久成惯习,不独此志为然。第四卷竟以所著《菊谱》全行登载,文字既佻,体裁亦滥,《四库全书总目》列入存目,而称其考证叙述具有史法,在关中诸志之内最为有名,何也? 惟府之要政以茶马为首,尚堪略存前代故实耳。

光绪洮州厅志十八卷

光绪三十三年同知张彦笃修。

洮州设自隋唐,明元改为千户所,隶河州卫,旋升为洮州卫。雍正二年改属巩昌府,以旧驻西固城同知改为抚番同知移驻于此。其地三面临番,故汉族文献无可称而番回事实乃弥为志中之体要。据志称同治回乱之役,城郊荡然,旧志无复存者。今于煨烬之后,撮拾丛残,犹能详述番族辖境土司及僧纲世系与夫番人风俗等,其中记洮州充通事者数十家,为洮州厅番地催科差遣之用,名荫袭者数十人,为洮州厅春秋祭祀阶前击鼓之役。及询其来历,皆前明千百户指挥等官,此亦一段极珍贵之史料也。虽沿旧志积习,多滥占篇幅之虚文,然荒徼劫余,有此巨制,亦可谓难能矣。

书凡十八卷,一星野,二舆地,三建置,四赋役,五典礼,六秩祀,七、八学校,九兵防,十职官,十一选举,十二、十三列传,十四金石,十五艺文,十六番族,十七灾异,十八杂录。

西宁府新志四十卷

乾隆十二年分巡西宁道佥事辽海杨应琚撰,前有杭世骏序。及乾隆二十六年杨氏总督陕甘,则又将所属大通卫改为大通县,贵德所改西宁县县丞,次年西宁道刘洪绪撰序补记之也。

据凡例,旧西镇志仅寥寥二本,重刊于顺治丁酉,而宁郡四属皆无邑乘。今志为杨氏一手所成,考核斟酌,颇具史识。凡四十卷,一舆图,二星野志,三至八地理志,九至十三建置志,十四、十五祠祀志,十六、十七田赋志,十八至二十一武备志,二十二至二十六官师志,二十七至二十九献征志,三十、三十一纲领志,三十二至四十艺文志。其曰纲领志,犹大事年表也。

西宁古湟中地,唐置鄯州,明为西宁卫,雍正三年改府,领西宁、碾伯、大通三县,

乾隆武威县志七篇

乾隆十四年凉庄道张之浚修,是为凉州五属志之一,故标题曰"五凉考治六德集全志第一卷智集武威县志"。其序云以康氏《武功志》为式,故亦以七篇分系而不析卷。

云南

康熙云南府志

康熙二十九年知府张毓碧修。

其卷端无撰刊年月,据官师表知毓碧以是年任而已,然本书沿革则叙至康熙三十七年为止。其凡例云:"云南府旧志修于明万历癸酉,启、祯以后旧志莫传,即有传者亦未必皆确。今惟以云南新旧省志为凭,而旁采于故老之见闻、士大夫之纪载者以相参酌。"按其实则凌乱芜杂,目次不分,直如吏胥案牍而已。

道光昆明县志十卷

道光丁酉县人御史戴絅孙撰，光绪辛丑吕德洋刊行。

昆明县置于元，明以来为云南省治，旧无志，始于此书，修成六十年，中更回族之变，至是乃刊行也。

凡十卷，一疆域志、山川志，二风土志、物产志，三建置志、赋役志，四学校志、祠祀志，五官师志、选举志，六黎献志，七闺媛志，八艺文志、祥异志，九古迹志、冢墓志，十杂志、序志。

其书颇质实无俗习，所采大抵为《一统志》《旧通志》、《徐霞客游记》、樊绰《蛮书》、杨慎《云南山川志》以及王思训之《滇乘》、刘文征之《滇志》、赵元祚之《滇南山水纲目》、徐敏之《太华山录》诸书，博观约取，而又能准之于目验之状，故非邑人秉笔莫克为也。其艺文一门，包括纪载县事之书与通常著述两种，而诗词不与焉，斯其卓识之一端矣。书中所引前代载记，较正文低一字，眉目犁然。文词之美，则尤具于序志一篇，

道光元江州志四卷

道光六年知州广裕主修。

据序，有雍正中祝宏所修旧志，已不可得，仅有康熙五十二年知军民府章履成一本。

元江在元代始设路，以羁縻惠笼甸等部。洪武中改府，永乐中改军民府，领因远罗必甸长官司。顺治十六年以兵力平定之，改土设流，为元江军民府，隶云南，雍正

七年分所属普洱等处置普洱府,乾隆三十二年始改直隶州焉。

凡四卷,一地理,二建设,三赋役,四人物。

州所领皆土司地,其风俗、物产、历史、沿革必有异于禹域之旧,所纪殊浅率,盖文献之不足征欤。

广西

光绪郁林州志二十卷

光绪二十年知州冯德材修。

按通志载明右参政曾守身志序一篇,守身天启二年任,则志始于天启中也。今志本于乾隆五十七年知州邱桂山所修者,原序云:康熙间前任金君刊修二册,求觅弗获,惟得乾隆初段汝舟续修抄本,大半残缺,删繁补简,成书十卷。今虽半仍邱氏之旧,而义例亦稍变也。

凡二十卷,一至四舆地略,五至七建置略,八、九经政略,十、十一职官表,十二、十三选举表,十四宦绩录,十五至十七人物列传,十八、十九纪事编,二十艺文编。

郁林汉郡名,在唐为牢州,宋改今名,雍正三年升直隶州。其纪事编断自赵宋,盖谓古之郁林非今治也,道咸以后之匪乱,纪述颇详。

方志余记八

山西

同治河曲县志八卷

同治十一年知县金福增修。

其序略云,县志曰前明嘉靖万历年间南坡王鑛编辑于前,苗慎斋京兆朝阳续修于后,分门别类,记载周详,逮崇祯三年冬遭流寇王加应之变,梓板尽付回禄。前令钱公永守修复成编,顺治四年至道光十年,历经前令嵋轮马公云峰、捷轩杨公建标、心田曹公春晓以次踵修,迄今四十二年矣……得旧城黄悍斋观察宅中(按黄氏本县人,道光壬午翰林,官贵州大定知府、浙江杭嘉湖道)所著《县志采遗》四卷,重加删订,更以得自采访者入之。大抵增者居多,于前志未尝妄为笔削。

再按其凡例,旧志凡四卷,今续增四卷,其署名结衔亦兼及前志撰人曹春晓(按曹氏湖南长沙人,道光七年任知县)。是综其全书,多出曹氏,半出黄氏,特在金氏任内合并刊行而已。

书八卷,一恭录宸章等,二典礼等,三星野等,四职官等,五选举等,六、七、八艺文。新旧稿已不可复分矣。

河曲置县在金贞元中,大定中升州,明仍置县,初隶太原,雍正二年改隶保德直隶州。其境正当黄河转折处,与河西蒙古草地相接,康熙三十六年奉旨,河曲人稠地狭,借来蒙古地广长六十里,按河甲法设立通事牌甲头,使民耕植,统归河曲县管辖(见本志艺文类)。

本志于疆土之区画,风俗之殊同,以逮历来战伐之迹,概未之及,徒以空文占篇幅而已。

安徽

乾隆和州志

乾隆二十九年章学诚撰。学诚撰是书,其前志篇云四十九篇编摩已讫,然传本未见,刘氏嘉业堂刊章氏遗书与永清志同入外编,非全璧也。

据所考前志,唐有刘禹锡《和州志八卷》,见焦竑《经籍志》;宋有太守程九万《历阳志十卷》,见陈振孙《书录解题》;明正统初知州朱沆、正德十一年知州黄公标俱有《和州志》,而明末已购求不获;州人又云顺治初年知州卢汝鹍亦撰州志,崇祯末州人戴重创为州志类稿,作征书遍布州人而卒未成,其所自著有《历阳开天记》《历阳名僧传》。今存者惟嘉靖、万历、康熙乙巳、甲子四志而已,嘉靖志知州易鸾撰,万历志知州康诰撰,康熙乙巳志知州杨继芳修,康熙甲子志知州王瑄修,此其大较也。

今按此书辨明体例者多，而刊定史文者少，就中如艺文一篇畅言分别部居之法，累牍连篇，斤斤不已，且往往但云某书归某某部，是其创例之文，非为定本可知。又官师、选举诸表亦仅引其嵩未竟其绪，篇首题志隅自叙，然则章氏仅欲举此以示撰志之通例欤？

江苏

绍熙云间志三卷

绍熙癸丑知华亭县杨潜撰。

书为华亭沈恕所藏，有钱大昕、顾广圻题记，孙星衍为刊之也。录孙氏序于左："国家集四库书，载诸宋元方志，而宋杨潜《云间志》以后出不得预，其书按据旧图经，搜罗古碑碣，详载故实题咏，书仅三卷，繁简得中，不让宋人会稽、新安志也。余自嘉庆癸酉有松江府修志之役，病旧志之不能典核，因求松江事迹，惟华亭一县见于王象之《舆地纪胜》。至元升县为府，始载其事于嘉禾志，并杨潜之书，为一郡掌故。康熙间知府郭廷弼作郡志，本之明人顾清及陈继儒，时亦似见此二书者，而改易其文，又多舛误，如沿革苏州增大历中改为雄州建中元年复名苏州等语，并不知雄州之为郡望；如县之有赤紧，非州名也；其诸山则删节《云间志》高若干丈、周回若干里，不知古人测量之法……其所引古书，不载出典，以意增改其文，不及更仆数也，则知《云间志》之不可不刊以行世也明甚。余病今世修志无著作好手,不如刻古志于前,以后来事迹续之;或山川古迹,旧有遗漏舛误者,不妨别为考证一卷。"

又有嘉庆戊寅松江知府宋如林序云:"嘉庆壬申余擢守云间,适有修志之役,因访求松乘遗书,窃见元明以来有仅存其目而无其书者,如大德《松江郡志》、至正《续松江志》、洪武《吴郡志》及永乐《新志》是也。成化《云间通志》,前志屡为称引,虽有传书,而存者已尠,惟绍熙《云间志》、徐硕《嘉禾志》二书,自宋迄今数百年,幸少阙佚……"

浙江

严州图经三卷

绍兴己未知军州事董弅撰,淳熙甲辰郡守陈公亮属州学教授刘文富订正。

此书见于《开有益斋读书志》《皕宋楼藏书志》《士礼居藏书题跋记》诸著录,光绪丙申钱唐丁丙钞寄袁昶重刊行之也。

兹录铁琴铜剑楼藏书目录一则于左,以资提要:"王氏《舆地纪胜》、陈氏《书录》、马氏《通考》俱作《新定志》,即此书也。此从淳熙刻本钞出,卷首载建隆太宗初领防御使诏宣和太上初授节度使制及敕书榜文,盖修志时高宗犹在德寿宫,故称太上也。前有图九叶,卷一新定郡,卷二建德县,卷三淳安县。其体例先以历代沿革,次分野,次风俗,次州境,次城社,次户口,次学校,次科举,次廨舍,次改充,次馆驿,次军营,次坊市,次桥梁,次沟渠,次物产,次土贡,次课利,次祠庙,次古迹,次贤牧、正倅题名、添倅题名,次登科记,次人物,次碑碣终焉,惜卷三古迹后已脱佚矣。"

按此书有可考见宋制者数事。据董序:"国朝定令闰年诸州上地图,大中祥符四年诏儒臣修纂图经,颁下州县,俾遵承之",知宋时图经有定制,一也。卷首之城图,示城之内复有子城,子城之中为州宅,证以唐代史事,知犹为唐制之遗,又衙署坊里,整齐平直,亦远不同于明清两代,二也。其祠庙一门,所列诸神,颇足传古代民间故事,如宁顺庙倪祖夫人之类,他书所未见也,三也。

方志余记九

湖北

康熙武昌府志十二卷

康熙二十六年知府裴天锡修。

凡例称明季兵燹以后,典籍沦亡,故并旧序亦佚,裴氏掇拾之功为不细矣。

凡十二卷,一建置,二山川等,三兵事等,四秩官,五、六选举,七至九人物,十至十二艺文。

同治江夏县志八卷

同治十年知县王庭桢继前任修成,邑人彭崧毓纂。

江夏县志修自乾隆五十八年,咸丰中县遭兵燹后,故籍荡然,唯最后之陈志仅存,此即据陈志辑以成书者也。

书为八卷,一图说志,二疆土志、职官志,三赋役志、礼乐志、学校志,四选举志,五兵备志、刑法志、风俗志,六、七人物志,八艺文志、杂志。

泛览全书,体例之乖舛,姑不与言,其尤可笑者,职官志内而有阴阳学,学校志内而有名宦祠,诸如此类,实已举不胜举,抑何其荒谬至此耶。

光绪武昌县志二十六卷

光绪十一年知县钟桐山修,县人柯逢时等纂。

其序称"旧志存者百余年,往年王孝凤少卿家璧有志搜辑,未及成书",盖本志颇用其稿也。

凡二十六卷,一沿革等,二形胜等,三城池等,四赋役等,五通礼,六秩祀,七学校,八邮传等,九古迹,十艺文等,十一藩封等,十二官师,十三、四选举,十五仕宦,十六至二十五人物,二十六方技等。

观其析类,亦无以异于他志,柯氏自记云:"道里岐异此缩模之失,沿革藩封循路史之误,通礼学校皆统同之文,匆匆付梓,斐订未遑,若夫人物之篇成于众制,仁人孝子之用心,又恶可以已也。"然则柯氏盖有明知其不当而未加订正者,徒于文章义法之末推崇武功康氏,谓"县志之作武功尚已",可谓陋而不知所裁者也。

同治崇阳县志十二卷

同治丙寅知县高佐廷修。

凡十二卷,一疆域志,二、三建置志,四食货志,五礼乐志,六职官志,七选举志,八、九人物志,十纶音志,十一艺文志,十二杂志。

县为汉长沙国之下隽县,唐置唐年县,宋开宝中改今名,明以后属武昌府。《洞天福地记》二十五洞天幕阜山在县境也。

此邑深山穷谷,便于避劫,居民有累朝土著者,如温氏、廖氏、金氏著于唐,高氏、胡氏、徐氏显于宋,包氏先世避黄巾,则汉人之苗裔。本书风土一门,能论列及此,可取也。

据艺文门云,崇志自杨文昭作始,两朝续编十三次。杨文昭名昺,宣德年中修,其后成化九年教谕俞绘、正德年间艾杰等、嘉靖八年汪宗伊、隆庆年间饶天民、万历戊寅知县周应中、己丑年吴楚材等、康熙庚戌王应斗等、雍正甲寅陈鹅、乾隆辛酉郭彦博、壬申吴世雄、道光壬寅刘镇鼎各一修。

光绪兴国州志补编三卷

光绪三十年知州贺祖蔚修,州人前湖南补用道刘凤纶纂,继光绪十五年补修之志而作也。仅三卷,零星摭拾,非志体也。

乾隆汉阳府志五十卷

乾隆十二年知府陶士楔继前任修成。按汉阳于楚北为名郡,而志乘缺如,前守胡学成及钟昭曾置馆授餐,鸠诸老宿为撰辑,陈文言继之,费近千缗,积十余岁仍未卒业,均由诸儒持议各不相下,各使君亦遂逡之无可如何,至是始得取新旧诸稿厘订成书焉。

据凡例:"兹志书凡五十卷,分为六类,以为之纲,一曰天官,一曰地舆,一曰典礼,一曰食货,一曰人物,一曰艺文。"其细目如下,一分野志,二极度志,三五行志(恤政附），四疆域志，五沿革志，六城池志、公署志（仓储、育婴、普济、禁狱附），七舆图，八至十山川志，十一至十八形势志，十九兵防志，二十礼仪志，二十一禋祀志，二十二学校志，二十三本府征解税课、阳邑赋役，二十四川邑赋役，二十五黄邑赋役，二十六孝邑赋役，二十七四县烟民、户口，二十八物产，二十九秩官通表，三十四县秩官表，三十一名宦志，三十二良吏志，三十三乡贤志，三十四仕迹志，三十五忠臣志，三十六孝子志，三十七至三十九选举表，四十笃行志，四十一文苑志，四十二隐逸志，四十三方伎志，四十四方外志，四十五、四十六列女志，四十七至五十艺文志。

唐武德四年以沔阳郡之汉阳、汉川二县置沔州汉阳郡，郡称汉阳始此。雍正七年割黄州府之黄陂县，德安府之孝感县来属，于是郡领四县，为汉阳、汉川、黄陂、孝感。

嘉庆汉阳县志三十四卷

嘉庆二十三年知县裘行恕修。

其序云，旧志已阅七十年，不详所自，其著述篇中亦未道及也。

县为汉沙羡县地，隋大业立今县，属沔州，嗣改复州，明以来为汉阳府坿郭县。

凡三十四卷，一舆图，二沿革，三疆域，四形势，五星野，六山川，七城池，八堤防，九赋役，十蠲恤，十一盐法，十二户口、保甲，十三风俗，十四物产，十五学校，十六禋祀,十七公署,十八兵防,十九秩官,二十名宦,二十一选举,二十二恩荫,二十三乡贤,二十四忠义,二十五孝友,二十六文苑,二十七隐逸,二十八艺术,二十九、三十列女,三十一古迹,三十二寺观,三十三著述,三十四、五艺文,三十六杂纪。

同治汉阳县志二十八卷

同治丙寅知县黄式庆修,王柏心纂。继裴志而续辑也,于裴志冗沓之例纠正不尠,而大体不存贬议,犹于咸同兵乱战争之略,节义之伦,三致意焉。然旧志著述门漏略殊甚,本书全未补正。而旧志所引《道听录》记万历间中使陈奉事,反削去不载,何耶?

光绪汉阳县识十卷

光绪癸未县人张行简撰。自云撮各旧志之大要,参以所见所闻,钞置案头,私作记事珠,故不敢仍志名。凡为略三,曰地理、营建、人物;录七,曰典录、祀录、名录、图录、文录、簿录、杂录,名录者官师等表,簿录者钱粮报销等簿也。

同治汉川县志二十二卷

同治十年知县德廉创修,继任知县尹洪熙、袁鸣珂续成,邑人林铁樵纂,盖越三年始成书也。

汉川之为县,自宋元祐间定名,元、明、清均因之。旧志概不可得,其地居汉水之滨,凤号泽国,每一泛滥,田禾庐舍悉在巨浸之中，实楚中彫敝之邑云。

是编于堤防独立一门，举凡水道之支干分合及其淤塞浚导之故，均言之綦详，诚斯志精彩之处也。

书凡二十卷，一沿革表，二职官表，三选举表，四封荫表，五列女表，六疆域志，七山川志，八建置志，九堤防志，十民赋志，十一学校志，十二典礼志，十三兵防志，十四祥祲（防）志，十五名迹志，十六、十七列传，十八列女传，十九至二十一艺文，二十二杂记。

光绪孝感县志二十四卷

光绪八年知县亢廷镛继前任朱希白修成，邑人沈用增纂。

邑之有志，自明嘉靖、万历两次议修均未成书，逮顺治己亥邑侯张擢士创修。越十三年为康熙癸丑，胡国佐续之，又二十二年乙亥，梁凤翔再续之，至嘉庆辛未王念祖，则三续矣。凡例云："张、胡、梁三志俱有籍系一门，载杨廷和、张嘉应二公先世皆孝感人。考《明史》，杨籍新都，张籍铜梁，与孝感无涉，何必远援显宦以为邑荣，今删汰之。"即此一节，则是编视前志似较胜一筹矣。

凡二十四卷，一封域志，二营建志，三赋役志，四学校志，五风土志，六仪礼志，七灾祥志，八兵事志，九职官志，十选举志，十一武科，十二休命志，十三名宦传，十四至十六人物志，十七至二十列女志，二十一至二十三艺文志，二十四杂志。

方志余记十

同治钟祥县志二十卷

同治二年知县孙福海修。

据卷末杂识,县志肇修于康熙六年知县程起鹏,重修于乾隆六年知县高世荣,至六十年知县张琴复重修之。卷末有张裕钊跋,盖裕钊曾阅其稿也。

凡二十卷,一图,二建置、沿革,三山川等,四田赋,五礼仪等,六学校,七职官等,八、九选举表,十名宦,十一、十二人物,十三至十六列女,十七流寓等,十八、十九艺文,二十杂识。

钟祥自汉以来为竟陵地,刘宋置苌寿县,明嘉靖以后以兴邸所在,升安陆州为承天府,以附郭县为钟祥,顺治三年改承天为安陆,而县如故焉。

康熙京山县志十卷

康熙十二年知县吴游龙修。

据凡例,"邑旧无志,自孙司徒始附安陆州志,止成化间,仅四卷,继有王太仆志二十三卷,章邑令志十二卷,王志在章时已散佚,章志及今全书无存,"

凡十卷，一舆地志，二建置志，三赋役志，四典礼志，五秩官志，六选举志，七人物志，八武备志，九古迹志，十艺文志，

光绪京山县志二十七卷

光绪八年知县沈星标修，邑人曾宪德纂。

此即继康熙十二年县志而续修也，盖其间相距已二百有余年矣。

凡二十七卷，一舆地志，二建置志，三赋役志，四堤防志，五典礼志，六、七学校志，八、九秩官志，十选举志，十一至十五人物志，十六变乱志，十七殉难志，十八武备志，十九至二十一艺文志，二十二古迹志，二十三艺文补，二十四至二十七易领。自二十三以下几全为易之经解，而收入志内，是诚不知其义何居矣。

康熙潜江县志二十卷

康熙三十三年知县刘焕修，邑人朱载震纂。

潜江建邑，自宋乾德三年改安远镇为潜江县，六百余年间，志之修辑才三见焉，一修于成化间邑教谕崔崟，再修于万历间邑令潘之祥，至清则有前令王黄湄倡修，纂辑将成，王遂去任，卒无完帙，盖至是始续成也。

凡二十卷，一县纪，二天官志，三舆地志，四建置志，五学校志，六、七飨祀志，八风土志，九赋役志，十河防志，十一、十二秩官志，十三、十四选举志，十五至十八人物志，

十九、二十艺文志。

观其以梵刹道院隶于飨祀志,宾兴典礼属于赋役志,支离荒诞,亦志中之下乘耳。

光绪潜江县志二十卷

光绪六年知县史致谟修,邑人刘恭冕等纂。

此为继康熙志而续修者,凡二十卷,其节目多仍前志,无所改良,惟旧志以兵防隶于建置,而此则另为一志,较为有识。志载咸丰中发逆陷境故实,亦颇足供研究史事者之参考也。

道光天门县志三十六卷

道光元年知县王希琮修,贵州开泰知县沔阳张锡穀纂。

据旧序存嘉靖庚申知县邱宜、康熙戊申知县李馨、壬申知县钱永、乾隆乙酉知县胡翼各序。其凡例云,前明姜绾、邱宜、任赞化三志久佚,清李馨、钱永二志尚存,兹近据胡翼志为粉本也。

凡三十六卷,一圣制,二疆域,三分野,四沿革,五形势,六山川,七建置,八赋役,九风俗、物产,十礼仪,十一学校,十二祀礼,十三水利,十四兵防,十五祥异,十六古迹,十七寺观,十八秩官表,十九选举表,二十循良,二十一以下人物列传,三十五艺文,三十六杂志,而以陆羽《茶经》附焉。

县本名竟陵,石晋时改景陵,雍正四年避圣祖陵名以县西有天门山改今称,属安陆府。

同治当阳县志十八卷

同治五年知县阮恩光修,监利王柏心纂。

当阳县志之可考者,始修于康熙八年,继修于乾隆五十九(八)年,及是已阅七十载始三修焉。

凡十八卷,一、二方舆志,三建置志,四、五政典志,六武备志,七、八祀典志,九祠宇志,十职官志,十一选举志,十二、十三人物志,十四、十五列女志,十六至十八艺文,惟卷末杂录内之丛谈,语多不经,则殊有蛇足之嫌,应为吾人所不取也。

邑在荆山之南,自汉析江陵地别置当阳,此为当阳命名之始。唐宋元废置无常,而县治亦叠经迁徙,至明洪武初始定今治,乾隆五十六年升荆门为直隶州,领二县,当阳遂为壮县云。

光绪当阳县补续志四卷

光绪十五年知县李元才修。本书续同治志,相距仅二十余载,故无甚增益。据其凡例自称"选举门文选一类,政典门印卷一类,均系补前志所无",然亦具体而微矣。

其为目如次,一方舆、建置、政典,二祀典、祠宇、职官、选举、人物,三列女,四艺文。

同治远安县志八卷

同治五年知县郑燡林纂修,教谕秦述先、训导周葆恩同纂。

按凡例,远邑前明有刘志,国初有安志,咸丰年间有赵志,前二者均不注明修志之年月及志书之内容,盖其(祥)〔详〕不可得闻矣。

凡例又称:"远邑在汉为临沮,在晋为高安,后周始改为远安,赵志注云,以其近猇而远故名。夫近猇则近猇,远猇则远猇,近猇而远,四字费解。今查安志曰,以其近猇而远置之,言远害也,远字读为去声,当从安志。"如此支离不经之说,亦皇然列于凡例,则秉笔者之疐陋无闻,亦概可见矣。

凡八卷,一翼轸、图说、星野、建置、沿革、考辨、疆域、形胜、图说、城池、山川、古迹、水利,二户口、田赋、物产、祀典、学校、文职、武职,三官署、宦迹、行业、选举、武备、封爵、封荫、蠲恤,四祥异、风俗、乡饮、老寿、贤姥、节孝,五忠义、孝义、高谊、侨寓、方外、寺观,六明文、顺治文、康熙文、雍正文、乾隆文、嘉庆文、道光文,七咸丰文、同治文、四言诗、五古诗、七古诗、五律诗,八七律诗、五绝诗、七绝诗。若以志例绳之,实所谓自郐以下耳。

光绪襄阳府志二十六卷

光绪十一年知府钟垲继前任修成,郡人王万芳纂。

前志修于乾隆庚辰,盖已距百数十年始续修也。

凡二十六卷,一至五舆地志,六至九建置志,十、十一食货志,十二至十四学校志,十五、十六武备志,十七艺文志,十八金石志,十九至二十一职官志,二十二选举志,二十三至二十六人物志,末附志余及忠义录。

同治襄阳县志七卷

同治十二年知县吴耀斗继前任修成。

据吴序:"襄邑故无志,同治丙寅前任杨春生与邑人崔春瀑创修志稿,并借鉴于金殿给谏,未及蒇事而给谏崔君相继即世,稿藏署中",盖即是编据以为蓝本者也。

凡七卷,一地理志,二建置志,三食货志,四武备志,五职官志,六人物志,七杂类志,是为七纲。其子目三十有二,颇能简明得当,因不可以其新异而少之也。

襄阳名县自汉,至今未改云。

同治枣阳县志三十卷

同治四年知县张声正修,邑人史策先纂。

据序"枣阳自康熙十一年邑令刘君嗣煦创修县志一帙,至乾隆二十一年甘君定遇踵而辑之,始有刊本,历九十余年,道光丁未熊君文凤重修未竟,至咸丰甲寅陈君子饬而书始成",是即是邦可征之文献大略也。

凡三十卷,一沿革,二山川,三城池,四坛庙,五公署,六里镇,七赋役,八学校,九典礼,十兵防,十一风俗,十二物产,十三古迹,十四陵墓,十五寺观,十六祥异,十七军务,十八帝纪,十九职官,二十宦绩,二十一选举,二十二耆旧,二十三孝义,二十四忠勇,二十五节烈,二十六制诰,二十七至二十九艺文,三十志余。

按枣阳之名始于隋,其隶襄阳则始于元,明洪武十年省入宜城县,未几复置,仍隶襄阳府,清因之。

同治穀城县志八卷

同治六年知县承印修。

穀旧无志,乾隆间邑人王梦藜曾手辑一编,然仅传抄本,又阙漏不全,故兹编可谓创修也。

凡八卷,一分野、沿革、疆域、山川、古迹,二城池、官署、里社、水利、风俗、物产、赋役、兵卫,三学校、坛庙,四封爵、职官、昭忠,五名宦、选举、耆旧、军功、寓贤,六节烈,七艺文(文),八艺文(诗)、释老、祥异、纪事、杂识。规模粗具,盖亦聊胜于无而已。

穀城在周为穀伯封邑,在汉为筑阳属南阳郡,至隋改筑阳为穀阳,唐宋以穀城属襄阳府,历代皆因之云。

光绪光化县志八卷

光绪九年知县钟桐山修,以元年奉通饬修志,前任知县李镜心草创略具也。

光化军始置于宋乾隆德二年,以襄州阴城镇建也,元明以来为县,属襄阳府。

凡八卷,一沿革等,二城池等,三户口等,四祀典等,五封爵等，六□□等，七书目等，八祥异等，所谓书目则艺文也。

光绪均州志十六卷

光绪十年知州马云龙修，前云南巡抚州人贾洪诏纂。

据知州党居易序："均州志盖吾乡赵圣居先生所手定，断自万历十三年，终于顺治九年，居易受而读之，乃旁搜遗文侧询长者，参阅武当太和山志，以万历十三年洎康熙十二年，踵其旧，补其阙，增其新。"盖党氏纂于康熙十二年，而后任江闿增补于康熙十六年也。

凡十六卷，曰沿革、舆地、风土、营建、学校、坛庙、户赋、秩官、军制、选举、人物、列女、祥异、古迹、艺文、杂识。

均州为汉武当县，隋始立州，明以来隶襄阳府，所属太和山宫观为明代道教名构，本志仅载其佚闻数则而已，盖以其详已见乾隆《太和山纪略》欤。

方志余记十一

嘉庆郧阳志十卷

嘉庆二年知府王正常修。

成化十二年从都御史原杰请建府,正德初有志不传。万历中都御史徐学谟志亦佚,康熙中有杨廷耀所刊府志一本而已。

凡十卷,一地理,二建置,三祠祀,四田赋,五官师,六人物,七选举,八兵防,九祥异,十丛纪。

府为汉魏之间所立新城郡地,孟达以之降魏者也。隋以后为房州。明成化中建郧阳府。乾隆定制辖郧、房、竹山、竹溪、保康、郧西六县。

本志有清初山西巡抚谭尚忠《五簋约》一篇,略云:今与诸僚友约,宾朋燕会,酌用五簋,佐以蔬果小盘四。如用满制肴馓,不兼汉席烹鲜……此事殊与郧阳无关,要为晋志中所应有耳。

又卷十有乾隆四十九年总督特成额饬捕郧西民张永信伴送西洋夷人巴地里夫等四名入陕传教,行至襄阳盘获解部治罪,并奏请凡有遗存天主教经像勒限半年首缴汇解军机处查销一案。

同治郧阳志八卷

同治九年知府吴葆仪修，桐城王严恭纂。

郡志之可考者，据旧序，明正德万历均曾志之，然散佚无存矣。是编有采用康熙旧志之处，则康熙间郡亦有志也。惟搜辑旧闻，网罗散轶，囊括数百年之隆替无遗者，则推嘉庆间泸州王正常所辑者耳。

凡八卷，一舆地志，二建置志，三祠祀志，四田赋志，五官师志，六人物志，七兵防志，八丛纪。

明成化中以郧乡建郧阳府治，置郧县倚郭，以房陵、竹山、上津来属，又析置竹溪、保康，领县七。清顺治十六年省上津入郧西，领县六。

同治郧县志十卷

同治五年知县定熙继前令周瑞修成，邑人贾洪诏纂。

邑旧无志，康熙初知县张杞、侯世忠曾先后两辑之，而其书不传。郧县事实仅附载府乘而已。

书凡十卷，一天文，二舆地，三学校，四营建、赋役，五职官，六选举，七军政，八人物，九古迹，十艺文。

郧县为古麇地，汉唐以来沿革互异。自元迄明，视同边徼，辛巳以后，闯贼五至，日在干戈扰攘中，其文献之无征也宜矣。

是编于卷首冠以无关痛痒之上谕三道，殊无谓也。

同治房县志十二卷

同治五年知县杨延列修,邑人刘元栋纂。

据所录旧序,县志一修于康熙五年知县传六吉,再修于三十四年知县沈用将,又修于乾隆五十三年邑人汪魁儒。沈、汪二志均葺而未刊,傅志则在康熙间已板毁书亡。至是又七十余年始续纂焉。

书凡十二卷,一星野、疆域、形胜、沿革,二山川、水利,三城池、关隘、津梁、铺递,四公署、赋役、学校,五秩官,六兵政、事纪,七祀典、古迹,八选举,九人物,十列女,十一风俗、物产,十二侨寓、杂记。

其凡例云：“旧志载参柳分野图,考验图分微茫莫辨,不复绘图炫异。”又云：“文庙从祀诸贤及礼仪乐章、恩诏表笺、律例条款俱详《大清会典》及湖广通志,俱不具载。”是二者均颇有特识。

县故房州地,明洪武八年降为县,宏治五年割房县东修文二乡宜阳二乡置保康县。清因之,仍属郧阳府。

同治竹山县志二十九卷

同治四年知县周士祯纂修,六年书成。

竹山旧志不可考,向所存者仅史华阳稿本,规模粗具,缺略弗全。乾隆乙巳后一修于常梅村,再修于范沔谷。同治元年又遭川匪陷城、发逆窜境之变,于是旧志更残缺不足以备稽考。此次重修,盖已越五十余年矣。

书凡二十九卷,一舆图,二星野,三沿革,四疆域,五山川，六物产，七风俗，八城池(坊市附)，九公署(铺递塘汛附)，十秩官，十一赋役，十二乡社保甲(寿民附)，十三学校，十四选举，十五军功，十六恩荫，十七祀典(坛墠寺观附)，十八兵防，十九名宦(循吏附)，二十乡贤(孝友、义行附)，二十一忠烈，二十二节烈，二十三关堡，二十四津梁(井堰附)，二十五古迹(坟墓附)，二十六祥异，二十七流寓，二十八艺文，二十九杂记。观其门类之纷繁与其以一二叶而自为一卷者，即可知其不足与语志体焉。

光绪德安府志二十二卷

光绪十四年知府赓音布修。

郡有志由来已久，其可考者为明正统间知府范公理访旧志而续之，成化正德均曾一修，有张瓒、李梦阳二序尚录存卷首，于修志沿革言之颇详。隆庆间修志未锓，惜皆散佚无存。至清康熙二十四年知府傅鹤祥始续修之，又越二百年而再修之。

书凡二十二卷，卷首序例、舆图等，一、二、三地理，四、五建置，六田赋，七学校，八武备，九、十职官，十一、十二选举，十三至十六人物，十七、十八列女，十九艺文，二十杂志，卷末补遗。其门目盖仿畿辅江西通志例也。

兹编于艺文止载书目，冢墓断自前明，例选封荫予以删汰诸端，不愧为卓然有识。而引用各书皆眉目清楚，记载亦甚简明，固犹不失为近世之佳志也。

府置自宋宣和元年，明洪武九年降为州，十三年仍升为府,领县五,安陆、云梦、孝感、应城、应山,州一,随州。清初仍如明制,雍正七年改孝感属汉阳,领州一县四。

道光安陆县志四十卷

道光二十三年县人李道平撰。创修者则署知县德安府经历蒋炯也,康熙丙午知县高联捷、县人沈会霖曾修一次。

凡四十卷,一星野,二建置,三疆里,四城池,五山,六水,七田赋,八风俗,九、十学校,十一军制,十二、三坛庙,十四祥异,十五至十七兵事,十八至二十职官,二十一至二十三名宦,二十四、五选举,二十六至二十九人物,三十列女,三十一寓贤,三十二方外,三十三艺文,三十四金石,三十五古迹,三十六冢墓,三十七物产,三十八至四十杂记。古迹、物产、杂记诸篇皆博综。

道光云梦县志略十二卷

道光二十年湖北布政使张岳崧主修,邑人程怀璟纂。

云梦为汉西陵地。志始于明万历十六年,邑人邹孚如创为云梦十书,毁于兵燹。越康熙七年,邑令陈君又踵作焉,其书亦已磨灭而不可卒读。至是又百七十余年矣。

据凡例"旧志载到任庆贺、迎春、接诏及救护日月食各仪注",则其陋可知矣。

兹编凡十二卷,一舆地,二营建,三食货,四、五学校,六职官,七武备,八选举,九、十人物,十一、十二艺文。

光绪续云梦县志略十卷

光绪九年知县吴念椿修,邑人程寿昌纂。

本书继道光志而修,凡十卷,一营建,二食货,三学校,四职官,五武备,六选举,七至九人物,十艺文,末附杂志一卷。较前志删舆地一门,据称"缘舆地各条,既已考据明晰,无可增补,故目录弗列"。

其营建门内录有朱公滋泽所议三湖社仓条规一篇,举凡垦荒、粜赈、筑堤、开闸诸端载之綦详,由是而得窥一方民生之利病,极为可珍之史料。视旧志之以仓库附公署后而仅录上谕一通,其详略直不可以道里计矣。

光绪应城县志十四卷

光绪八年知县罗缃修,邑人王承禧纂。

据凡例,邑志前代失考,康熙八年清苑樊侯创为之,继修于雍正四年长山李侯,均经刊行。嘉庆二十年蓬溪奚侯重修,稿将成而去任,邑人吕梁湖复加增辑,迄咸丰建元,因兵燹迁延未梓。

凡十四卷,一舆地,二建置,三经政,四学校,五礼仪,六武备,七名迹,八职官,九选举,十人物,十一列女,十二封荫,十三艺文,十四杂类。

凡例称"志例首列星野,第弹丸小邑,秒分殊难确指。今谨遵钦定热河志,不载此门",斯言诚是也。

同治随州志三十二卷

同治八年知州孙文俊等修,枣阳史策先纂。

按史序:"索旧志观之,得刘志四卷及张志十八卷。刘志修于康熙五年,漫漶残缺,文亦简陋。张志修于乾隆五十五年,视刘志较为详赡。"盖兹邦可征之文献如此而已。此外如明成化十三年知州伍希闵所纂及嘉靖十六年知州任德所继修者,则皆已毁于兵火,荡然无复存矣。

凡三十二卷,一星野,二沿革,三疆域,四山,五水,六城池,七公署,八坛庙,九里甲,十田赋,十一学校,十二风俗,十三物产,十四古迹,十五寺观,十六墓域,十七祥异,十八兵事,十九帝纪,二十职官,二十一名宦,二十二选举,二十三耆旧,二十四孝义,二十五忠勇,二十六、二十七列女,二十八侨寓,二十九方外,三十杂记,三十一、三十二艺文。

随自周初建国,秦汉而后为郡为州为县,建置不一,而随之名历久未易。明属德安府,清仍因之。

同治应山县志三十六卷

同治九年知县周道源修,邑人吴天锡纂。

据序:"应山之有前志,实成于康熙十二年,于今百九十七年矣。溯自康熙十二年以前,其旧序所载,则康熙四年一修。又溯而上之,则前明正德年间一修、万历四年一修。"

书凡三十六卷,分天文、地理、政治、人物、艺文、杂记六项。一星野,二沿革,三疆域,四山,五水,六道里,七古迹,八土产,九官制,十职官,十一名宦,十二城池,十三学校,十四祀典,十五户口,十六田赋,十七驿铺,十八仓储,十九风俗,二十文教,二十一兵荒,二十二寨堡,二十三选举,二十四纪思,二十五乡贤,二十六孝女,二十七义士,二十八贞节,二十九殉难,三十高寿,三十一方外,三十二名臣奏疏,三十三忠孝节烈传,三十四营建碑文,三十五诗,三十六杂记。

其以沿革隶天文志、城池属政治志,若斯之类,乖舛特甚,实无足取也。

应山之名,始于隋废应州为应山县,自唐以来未之有改焉。

方志余记十二

乾隆黄州府志二十卷

乾隆十四年知府王勍修。

据序：“黄州之有志旧矣，宋景德四年，凡四方郡县所上图经，诏翰林李宗谔等刊修校定为一千五百六十余卷，南渡后多散佚，止斋陈氏家尚存有苏、越、黄三州刻本。庆元己未郡守李昭、问俾教授厉居正重修齐安志，可谓详且备矣。去今不六百年，求片纸双字绝不可得。即明万历乙亥所修志，仅于康熙乙丑志中存其一序。”黄州历代文献之无征，良堪浩叹矣。

书凡二十卷，为纲十，为目四十有八，一至三地理志，四建置志，五赋役志，六学校志，七、八职官志，九、十选举志，十一至十五人物志，十六至十九艺文志，二十杂志、外志。

光绪黄州府志四十卷

光绪十年知府英启修，郡人常德府知府刘燡、刑部郎中邓深纂。

据旧序,陈氏书录解题有《景德黄州志》,庆元己未郡守李昭、问俾教授厉居正《重修齐安志二十卷》。其在有明,有所谓万历乙亥志,其时任知府者盖潘元哲也。(按文秩官表,万历间知府有上海潘元哲。本志录耿定向序云"郡侯云中潘君",中字盖间字之误也。定向与李卓吾初相友善者也,见明史本传。)及乾隆丁卯而有知府王勋所修,号曰王志。

凡十卷,一、二、三疆域志,四、五、六、七建置志,八赋役志,九学校志,十武备志,十一至十三职官志,十四至十八选举志,十九至三十一人物志,三十二至三十九艺文志,四十杂志。凡为纲十,仿畿辅广西、江西诸通志例也。

黄州置自开皇。明初为黄州府,降蕲州府为州,省蕲春县入州,以州县来属。雍正间定制领州一,曰蕲,县七,曰黄冈、蕲水、麻城、黄安、罗田、广济、黄梅。

本书在府志中颇为繁博,虽以七县一州辖境辽广,然如昭忠祠之备纪死事姓氏、人物志之罗列各县节烈姓氏,皆连牍不休,亦更形其冗复也。

其艺文一志,前为四部,后为诗文,复取蕲州陈诗著《湖北金石存佚考》附于其后,稍为创例。其余小小变革,皆无关宏旨焉。

光绪黄冈县志二十四卷

光绪七年知县戴昌言修,宝应举人刘恭冕纂。

据旧序,明志修于万历中知县茅瑞征,继之者康熙十二年知县董元俊、乾隆二十年刘煜、道光十一年知县李锦源、二十八年知县俞易烈。据本书艺文志,则尚有厉居正《齐安志二十卷》(见书录解题)、詹大衢《黄安县志》、胡绍鼎《黄冈县志二十卷》。

黄冈自唐以来为黄州治所。

凡二十四卷,一、二地理志,三建置志,四赋役志,五学校志,六职官志,七、八、九选举志,十至十九人物志,二十至二十三艺文志,二十四杂志。二十四卷之中,列女便居其七,即此观之,可谓不知剪裁者也。

其杂志中有寺观一门,似采陆陇其摈释氏之意,殊不知削而不载犹可也。寺观载于杂志,塔又载于古迹,此何说耶。其艺文志分古文与诗与著述三门,其制名已陋矣。著述复不著存佚,后之人将何以辨之哉?

光绪蕲水县志二十四卷

光绪六年知县多祺修。

据载苏志原例:"旧志载明正统知县胡奎志四卷、宏治知县程昌志六卷,皆不可见。万历间知县阎士选志十六卷,顺治十四年知县刘佑志二十六卷,其文皆本阎志之旧。康熙二十三年知县李振宗续修,乾隆二十三年知县邵应龙重修。"苏志修于乾隆五十九年,盖至是始再修焉。

凡二十四卷,卷首舆图,一、二地理志,三建置志,四赋役志,五学校志,六职官志,七、八选举志,九至十七人物志,十八至二十二艺文志,卷末杂志、外志。

邑为汉轪县地。浠水、蕲水之名则始于刘宋,今邑即宋之浠水而兼轪地者也。

光绪罗田县志八卷

光绪元年知县管贻葵修,刑部主事陈锦纂。

据凡例称,嘉靖、崇祯两志久不可考,现存惟康熙五十七年知县张琳志暨乾隆五十三年知县姜廷铭志,即今志所本也。

凡八卷,一地舆志,二建置志,三秩官志,四政典志,五选举志,六人物志,七艺文志,八杂志。名(宦)〔宦〕政绩即附入秩官志中,不另立传,亦核实之意也。

左传杜注称罗在宜城山中,明此非古罗国。萧梁时析齐昌置罗田县,又设义城郡及义州,罗田建治自此始。齐昌者故蕲阳县也,陈、隋以来为蕲州属县,洪武以后与蕲州俱隶黄州府矣。咸丰中鄂皖兵事棘,罗田当其(衡)〔衝〕,本书兵事一门颇能具纲领。

光绪荆州府志八十卷

光绪四年知府倪文蔚撰。

据凡例云,荆州府志修于乾隆二十年,会稽施廷枢所纂。序称明代屡修俱佚,所据者惟康熙中郡人胡在恪旧志。

志中舆地各图甚佳，杨守敬、洪用勋分纂也。山川门附有诗什，可资览观，惜其不能分别古今耳。

光绪江陵县志六十四卷

光绪二年知县柳正笏继前任修成。前志修于乾隆甲寅知县魏耀，时毕沅为总督崔龙见为知府也。本书一仍其旧，仅略改名目而已。

凡例称道光年间郡城两次水患，咸丰年间省垣两次兵燹，案卷散遗，无从查核，故事多缺漏，则所增亦无多也。

凡六十四卷，一至三方舆志，四至十建置志，十一至十五赋役志，十六至二十秩官志，二十一、二风土志，二十三至二十六名胜志，二十七至四十四人物志，四十五至四十八选举志，四十九至六十艺文志，六十一以下外志。

卷帙殊繁，而孰为旧志、孰为新增，颇难辨别，盖未能讲求体例也。

康熙松滋县志二卷

康熙庚戌邑侯李式祖纪略。仅存钞本一册，残阙芜滥，不足观也。

书分上下二卷，卷上郡邑、封域、山水、秩官、选举、赋役，卷下水利、城池、战守、廨署、秩祀、仓庾、邮传、津梁、機祥、风俗、古迹、冢墓、寺观、宦迹、人物、孝行、节烈、流寓、志余。

同治枝江县志二十卷

同治五年知县查子庚修,松滋熊文澜纂。

枝江在春秋时为楚武王僭号称霸建立国都之重地,自汉以来建邑。其志书之可考者,始修于乾隆庚申青溪王公。又八十余载,值道光八年,知县谢丕绩因旧志而重辑之,订其舛讹,补其阙漏,六越月而告成。盖至是而三修焉。

是编于旧志之失,颇多纠正,载艺文而能舍吟风弄月流连光景之作,传孝女而不取割股疗亲等不经之事。旧志义存旌别,而此则第缀其事之颠末,佞谀苛刻两有不居,综观全书,固犹不愧为佳志也。

凡二十卷,一、二、三地理,四建置,五秩祀,六、七赋役,八、九、十学校,十一、十二职官,十三、十四选举,十五至十七人物,十八、十九列女,二十杂志。

同治宜都县志四卷

同治五年知县朱甘霖继前任崔培元修成,监利龚绍曾纂。

按唐改夷道曰宜都县,贞观八年属峡州,宋、元因之,明属荆州府彝陵州。清雍正十三年定令州不统县,于是宜都县专属荆州府云。

龚序云:"宜都县志康熙三十五年修,经今百六七十年,无再修者。"是邦文献之残缺,亦可慨矣。

书为地理志六，一广轮舆图、二山川、三形势、四沿革、五古迹、六物产；营建志八，一城池、二官署、三仓储、四驿传、五市肆、六津梁、七坛庙、八试院书院；政教志十，一户口、二田赋、三关榷、四学校、五选举、六职官题名、七职官治绩、八兵制、九祀礼、十风俗；人物志八，一列传、二忠义，三孝友、四列女、五艺文、六流寓、七隐逸、八方术。

方志余记十三

同治宜昌府志十六卷

同治三年知府聂光銮修,监利王柏心、黄冈雷春沼同纂。

按聂序,宜昌立郡自雍正十三年始,阅今百有余年,然未尝有志,盖此为创修也。

凡十六卷,一天文,二疆域,三沿革,四建置,五赋役,六学校,七祠祀,八官师,九选举,十兵防,十一风土,十二名宦,十三士女,十四艺文,十五寺观,十六杂载。

综观全书,虽纲举目张,颇为志中之佼佼者,然冠以天文而斤斤于星野、祥异之记载,是犹未免拘墟之见耳。

同治东湖县志三十卷

同治三年知县金大镛修。监利王柏心纂。

按序,东湖之有志也,自乾隆二十八年前邑令林平园始,至今百有余年,阙焉未有续纂者,盖放佚多矣。又云,旧志体例颇详整有法,今分门悉用之,而以续采者依类比附,是盖无甚创论云。东湖故彝陵州地,雍正十三年因土司归附升彝陵州为宜昌府,立东湖县为附郭首邑。

凡三十卷,一舆图,二天文,三沿革,四、五疆域,六山川,七学校,八古迹,九营建,十祠祀,十一赋役,十二秩官,十三选举,十四、十五军政,十六名宦,十七人物,十八方伎,十九至二十八艺文,二十九、三十杂录。艺文一门,庞然占全书篇幅三分之一,似非志之所必要也。

光绪归州志十卷

光绪八年知州沈云骏修,黄陂刘玉森总纂。

据序,嘉庆二十二年刺史李炘创修州志,同治五年署州事余思训取旧志加以校雠,于疆域一门略增图表,及是六十余祀始重修焉。

唐武德二年置归州,天宝初改巴东郡,乾元初复为归州。五代始属前蜀,后属南平高氏。宋亦曰归州巴东郡,隶荆湖北路,建炎中属夔路。元至元中升归州路,设总管府,寻复降为州。明洪武九年废州为秭归县,属彝陵州,后复置归州。雍正七年改直隶归州,十三年归州裁去直隶,仍辖于宜昌府,是其沿革之大略也。

书凡十卷,一地舆,二建置,三赋役,四学校,五军防,六职官,七选举,八人物,九、十艺文。其分门别类之庞杂无端,如赋役志内而列入义冢、救生船,盖不免贻大雅之讥云。

光绪兴山县志二十二卷

光绪十年知县黄世崇修。

是编于旧志纂修之年代及其存废,并无一语道及,诚为吾人今日之缺憾焉。

凡为卷二十有二,一沿革表,二疆域表,三封建、世爵表,四职官表,五武职官表,六选举表,七人物、列女表,八山志,九水志,十赋役志,十一典礼志,十二学校志,十三营汛志,十四物产志,十五营造志,十六兵事志,十七祥异志,十八乡甲志,十九艺文志,二十名宦传,二十一人物传,二十二列女传。

吴景帝永安三年分秭归县北界立兴山县,隋唐以来废置不一,至明宏治二年复置,清因之,上下千余年间,变迁繁矣。

同治巴东县志十六卷

同治五年知县廖恩树修。

志始于康熙二十二年邑令齐望子创修,至是始续纂焉。

凡十六卷,一天文志,二舆地志,三建置志,四赋役志,五学校志,六祠祀志,七职官志,八选举志,九兵防志,十风土志,十一物产志,十二名宦志,十三人物志,十四事变志,十五艺文志,十六志余。

秦始置郡县,为巫县地,隋曰巴东县,自是县名无改。

同治施南府志三十卷

同治十年知府周庆榕继前任修成。

施南古荆梁地,秦汉后为郡为州变迁无常,雍正六年初设恩施县,十三年改土归流,分置宣恩、来凤、咸丰、利川、建始五县,府之名于是定矣。

府之有志,始于宋广文鏊,辑于乾隆二十一年李宗汾,续修于四十二年。道光十四年罗德嵒更综稽各史地理志,纠正爬剔,以成善本,兹辑则以罗志为经各县志为纬也。

凡三十卷,一天文志,二至四地舆志,五、六建置志,七学校志,八至十典礼志,十一至十五食货志,十六至十八武备志,十九至二十一官师志,二十二、二十三选举志,二十四至二十七人物志,二十八、二十九艺文志,三十杂志。

光绪施南府志续编十卷

光绪十年知府李谦继前任王庭桢修成。

凡十卷,一续舆地志,二续建置志,三续经政志,四续学校志,五续武备志,六续职官志,七续选举志,八续人物志,九续杂志,十续艺文志。以仅占纸半叶之杂志而特为一卷,并置于艺文之前,甚无谓也。

同治来凤县志三十二卷

同治五年知县李勚修,邑人何远鉴张钧同纂。

县在明为土司,顺治初仍之,乾隆元年先后归流,始废散毛、大旺、百户、卯峒、漫水、东流、腊壁七土司为来凤县。

据凡例:"县志旧有前县林公警斋刻本一十二卷,维时草莽初辟，无可采志，略举纲目而已。"

凡三十二卷，一天文志，二至六地舆志，七至十建置志，十一、十二典礼志，十三至十五食货志，十六至十八武备志，十九、二十职官志，二十一选举志，二十二至二十四人物志，二十五、二十六列女志，二十七土司志，二十八风俗志，二十九物产志，三十、三十一艺文志，三十二杂缀志。

光绪利川县志十四卷

光绪二十年知县黄世崇修。

县之有志，不知始于何时，惟据序称有同治乙丑前利川县何君蕙馨监修旧志十卷，其详则不可考矣。

考利川县置于雍正十三年，其县境奄有明代施南、忠路、忠孝、建南、沙溪五土司，上下支罗及施州卫之都亭里地。疆域之广，纵横将五百里，袤长逾五百四十余里，为楚蜀通衢之所也。

书凡十四卷，一沿革表，二疆域表，三职官表，四选举表，五人物表，六列女表，七户役志，八学校志，九祠祭志，十武备志，十一营缮志，十二山水志，十三艺文志，十四列传。

方志余记十四

浙江

康熙浙江通志四十八卷

康熙二十一年总督赵士麟、巡抚王国安等修。

此书前有布政使王纮序称：浙江之有志成于嘉靖中薛应旂，今所传薛志是已。志初属稿于徐阶，而应旂重加诠次，阅十载凡七易稿而后成，然繁简失伦，纯驳互见。康熙二十一年前总督赵士麟、巡抚王国安尝因薛志之旧辑而新之，顾以数月竣事，其简略犹是。雍正七年诏天下各修省志，以备一统志之采择，时总督李卫慎选名俊，开局编纂，检讨旧闻，网罗散轶，恪遵内廷纂修之例，征引原文，胪列书目，以备考索。而于旧志之外增门十七，凡二百八十卷云云。今按此为雍正志之序，误以移冠本书者也。

此本目录数叶已失去，计四十八卷，一沿革，二星野，三疆域，四城池，五公署，六、七山川，八形胜，九古迹，十关梁，十一都会，十二水利，十三风俗，十四田赋，十五户口，十六盐课，十七物产，十八学校，十九祠祀，二十寺观，二十一陵墓，二十二、三职官，二十四兵防，二十五帝王，二十六至二十八名宦,二十九、三十选举,三十一至三十九人物,四十、四十一列女,四十二方技,四十三仙释,四十四至四十八艺文。

检其职官名氏,多有年分参差者。艺文书目亦直部类钞撮成书,苟以塞责,宜为雍正志所讥。

光绪杭州府志一百七十八卷(民国十一年印本)

光绪五年知府龚嘉儁始修,前湖南布政使、剑州李榕等总纂。

民国以后,前江苏候补道仁和陆懋勋等续修,前湖南提学使钱塘吴庆坻等重修。原名光绪杭州府志,以续载宣统三年以前事,故用乾隆杭州府志例,但题杭州府志。今为求便于别白,仍题光绪以冠焉。

本书卷尾有前志原委一篇,叙次赡密,节录于左,以俾览观。

府志

乾隆道临安志十五卷,长兴周淙撰。今存者三卷,见《武林掌故丛编》。

淳祐临安志,施谔撰。今存者六卷。见《武林掌故丛编》。

附淳祐临安志辑佚八卷,仁和胡敬辑。

咸淳临安志一百卷,缙云潜说友撰。今存者九十六卷,见振绮堂影刻本。

洪武杭州府志,天台徐一夔撰。

永乐杭州府志。

景春杭州府志。

正统杭州府志，仁和周伯器撰。

成化杭志六十三卷，郡人夏时正撰。

万历杭州府志一百卷，郡人陈善撰。

康熙杭州府志四十卷，关西马如龙修。

乾隆杭州府志百十卷，昭文邵齐然辑，仪征郑沄修成。乾隆志创于四十三年，稿略具而巡抚王亶望改任。王燧为杭守，聘钱塘校正王文治厘定之，次年付梓。其后燧获罪，四十九年郑沄乃澩以邵稿续行修正，总修者仍为邵晋涵，是为郑志。郑志出而王志以废，印本亦仅有存者矣。

钱塘县

万历钱塘县志十卷，新淦聂心汤修。

康熙钱塘续志□卷，真定梁允植修。

附钱邑志林四十卷，邑人吴农祥撰。

康熙钱塘县志三十六卷，南康魏嶙修。

附钱塘县志补六卷，邑人吴允嘉撰。

仁和县

永乐仁和县志。

嘉靖仁和县志十四卷，邑人沈朝宣修。

康熙仁和县志二十八卷，三韩赵世安修。

海宁州

嘉定海昌图经十卷，括苍潘景夔撰。

永乐海宁县志六卷，邵武曾昶修。

附校定海昌续志,邑人许相卿撰。

嘉靖海宁县志九卷,麻城蔡完修。

海宁县志九卷,海盐董谷撰。

附海宁县志补四卷,朱迪撰。

海宁志余,吴维熊撰。

海昌外志八卷,邑人谈迁撰。

附海宁县志稿一卷,范骧撰。

康熙海宁县志十三卷,安阳许三礼撰。

附海宁县志补二卷,邑人查祥撰。

海昌掌故录十二卷,邑人周春撰。

乾隆海宁州志,宁津战效曾修。

附海宁余闻八卷,邑人周广业撰。

海昌备志五十四卷,嘉兴钱泰吉撰。

附海昌丛载二十八卷,管庭芬撰。

富阳县

宣德富春志六卷,乐平吴堂撰。

富春续志十二卷,邑人王之献撰。

康熙富阳县志十二卷,长治牛奂撰。

康熙富阳县十卷,太仓钱晋锡撰。

光绪富阳县志二十四卷,香山汪文炳撰。

余杭县

成化余杭县志。

嘉靖余杭县志十卷,颍上王确撰。

万历余杭县志十卷,蒙城戴日强撰。

康熙余杭县志十卷，奉新宋士吉撰。

康熙余杭县志八卷，奉天张思齐撰。

康熙余杭县续志八卷，晋安龚崶撰。

附余杭县志举正备补通载各一卷，邑人严启煓撰。

嘉庆余杭县志四十卷，吴县张吉安撰。

光绪余杭县志稿不分卷，孙树礼刊。

临安县

嘉靖临安县志八卷，新淦廖瑜撰。

万历临安县志四卷，温陵黄鼎象撰。

康熙临安县志十卷，常熟陆文焕撰。

雍正临安县志，常山张淑郿修。

乾隆临安县志四卷，东雍赵民洽撰。

重修临安县志八卷，长沙彭循尧撰。

於潜县

明修於潜县志。

康熙於潜县志八卷，遂平赵之珩撰。

康熙於潜县志十八卷，□□刘国儒撰。

嘉庆於潜县志十八卷，□□蒋光弼修。

新城县

乾隆道新城县志，耿秉撰。

淳祐新城县志。

咸淳新城县志。

景泰新城县志，邑人凌志撰。

嘉靖新城县志，宁国袁泽撰。

嘉靖新城县志六卷，灊山聂莹撰。

万历新城县志四卷，益阳温朝祚撰。

康熙新城县志八卷，勃海张瓒撰。

康熙新城县志补辑，邑人罗欲绣撰。

道光新城县志二十四卷，吴县吴墉撰。

昌化县

嘉靖昌化县志九卷，六合马逢伯修。

嘉靖昌化县志□卷，无锡华文甫修。

万历昌化县志十卷，临淮周洛都修。

□□昌化县志十卷，邑人陈秉谦撰。

□□昌化县志二十卷，南城王近仁修。

乾隆昌化县志二十卷，□□甘文蔚修。

道光昌化县志二十卷，金坛于尚龄修。

以上各书仅存名目，至其有无刊本与是否见存，多未记注。

又撰人里贯、书法亦颇不一律，盖辗转抄存，未遑覆检，然一府志乘源流可谓大备矣。

本志刊于民国十一年，故前有卢永祥序，然秉笔之人谦无一语，致纂修沿革不能开卷了然。赖卷末有杨复后序一篇，方得悉其委曲。盖中更众手，绵历岁时，又值国运之更，立言期于婉约，斯亦著书之变例、操翰之苦心矣。

据重修例言："光绪二十一年原纂志稿告成，前总纂诸君皆以谦让未遑，迄无序例。其后黄岩王氏菜复加校订，始定凡例若干则，并制序言。事阅廿年，文更众手，斟酌损益，于王氏原定凡例不无出入，其大纲悉以乾隆志为归。"则其宗旨在仍旧贯，虽人代已更而前型勿失，盖其慎也。

目次如下，一图说，二、三建置，四疆域，五城池，六市镇，七、八桥梁，九至十三祠祀，十四至十七学校，十八、十九公署，二十至二十八山水，二十九至三十二古迹，三十三名胜，三十四至三十八寺观，三十九、四十冢墓，四十一至四十四兵事，四十五圜法，四十六盐法，四十七至五十二海塘，五十三至五十六水利，五十七户口，五十八至六十五赋税，六十六至六十八海运，六十九仓储，七十至七十三恤政，七十四至七十七风俗，七十八至八十一物产，八十二至八十五祥异，八十六至九十五艺文，九十六至九十八金石，九十九至一百六职官，一百七至一百十四选举，一百十六至一百二十二名宦，一百二十三至一百七十一人物，一百七十二、三杂记，一百七十四以下为续纂四卷，光宣新政也，曰交涉、交通、巡警、谘议局，一百七十八前志原委。

方志余记十五

万历钱塘县志（光绪十九年武林丁氏刊）

万历三十七年知县聂心汤修。

其叙曰："因义起例,厘为十纪,考城郭阡陌赋役食货,吾得纪疆;考湖山泉源形势绎络,吾得纪胜;考祠寺宫观仓舍,吾得纪制;考建茅阼土墟社革鼎,吾得纪都;考良令幕佐师儒,吾得纪官;考辟举科贡封锡,吾得纪士;考鸿硕名贤淑懿高行,吾得纪献;考灾祥风俗,吾得纪事;考古今艺林著述,吾得纪文。而仙释方技与异事丛谈、寰中物外之奇,则以外纪附见。"

杭州志乘最丰,本书揭详今略古之义,故于沿革、故迹不甚措意,亦自体裁宜尔。外纪一篇遗闻甚多可珍者,在明志中犹为言之有物者也。

康熙钱塘县志三十六卷

康熙五十七年知县魏(□)〔嶑〕修。

前有万历己酉仁和陈禹谟序云："考浙之志成于嘉靖辛酉,杭之志成于万历戊寅,而志钱塘者寥寥二百余年。"

凡三十六卷,一图考、星野、疆域、沿革、形胜,二山川,三城濠、里市、河梁,四水利、学校,五公署,六户口、田赋、徭役,七风俗,八物产、土贡,九官师,十选举,十一恤政,十二灾祥,十三坛壝、祠庙,十四寺观,十五丘墓,十六名宦,十七世家、戚畹,十八、十九大臣,二十忠节、政事,二十一理学、儒林,二十二文苑,二十三孝友,二十四义行、武功,二十五隐逸、〔流〕寓、耆旧,二十六方技,二十七至二十九列女,三十仙释,三十一金石,三十二经籍,三十三古迹、古宫室,三十四、五艺文,三十六外纪。

其风俗一篇,除采陈善《杭州府志》、聂心汤《钱塘县志》散条外,新辑之文颇详赡。记载有舛误者,如开化寺,据咸淳临安志云,开宝三年吴越王就南果园建寺造六和塔云云,本书误作唐开宝中永明禅师建。

嘉靖仁和县志十四卷(光绪癸巳武林丁氏刊本)

嘉靖己酉县人沈朝宣撰。四库已著录,提要云:"万历中诸生郑圭有钞本,为邑令周宗建携去。顺治丁酉钱塘知县沈某于宗建家求得之,邑人朱之浩始为传写。"盖至是方梓行也。

其凡例自云:"府志宜略,县志宜详,不容固守定规",然引书不著所出,碑刻不载原文,已为提要所讥矣。

凡十四卷,曰封畛、公署、风土、学校、水利、恤政、坛庙、名宦、科贡、人物、坟墓、寺观、书籍、碑碣、纪遗。

光绪富阳县志二十四卷

光绪三十年知县汪文炳修。

据凡例："邑志始于明宣德间县令吴堂《富春志》六卷，继为邑人王之献《续修富春志》十二卷。国朝有县令牛奂、钱晋锡先后修成《富阳县志》十卷，此外则有杨维桢《富春人物志》、周凯《富春杂识》。嘉庆间曾延武进张皋文、咸丰间曾延宝山蒋敦复续修未果也。"

凡二十四卷，一县沿革表，二城乡六区庄图、坊巷市镇村落表，三职官表，四选举表，五仕进表，六咸同间绅民殉难表，七咸同间妇女殉难表，八历朝贞烈节孝妇女题名表，九、十地理志，十一建置志，十二赋役志，十三学校志，十四武备志，十五风土志，十六胜迹志，十七名宦志，十八至二十人物志，二十一金石志，二十二、三艺文志，二十四杂志。

故汉富春县。东晋改今名。孙策之故乡也。

本书事增于旧远甚，然所增仅注"新纂"二字而不注来历，殊可惜。末附汪氏所定采访条例。

嘉庆余杭县志四十卷（民国八年知事吴兰孙重刊）

嘉庆十三年知县张吉安修。

按旧序，嘉靖七年知县王确创修（原按"旧县志王确传云：邑旧有成化志，仅钞本，亦不备。确乃再岁成之"），万历十七年知县戴日强续修（见《四库存目提要》，尝诋其纪载舛误），康熙四年知县宋士吉三修，十二年知县张思齐四修。二十二年知县龚嵘五修，以有今志。

书凡四十卷，一图考，二建置等，三乡里等，四官署，五学校，六坛庙，七、八、九、十山水，十一水利，十二田赋，十三田赋、户口，十四仓储等，十五、六寺观，十七古迹，十八坟墓，十九、二十职官表，二十一名宦，二十二祠官，二十三、四选举表，二十五名臣循吏传，二十六忠义孝友传，二十七儒学文艺传，二十八义行等传，二十九、三十方外传，三十一至三十三列女传，三十四五经籍，三十六碑碣，三十七风俗、祥异，三十八物产，三十九、四十杂记。

张氏此志博采旧籍，钩稽异同，其用心之苦具见于凡例。即举坛庙一项言之，其所胪列越中祠祀，若张六五相公庙、安镇刘王庙、周府君庙、新堰侯王庙、广福李王庙、灵通将军庙、胡将军庙、摇相公庙等，无虑数十种，并考辨源流，凿然有据。欲研求民间信仰之来历者，此为最富矣。至如山水寺观篇中之道家福地，田赋篇中之宋元白云宗田、畏吾儿田等名目，为存旧典不少。固隩区之嘉话，亦传世之良史矣。

乾隆临安县志四卷（光绪十一年知县刘靖重刊）

乾隆二十四年知县赵民治修。

据所录旧序，嘉靖丙戌知县廖瑜始修，万历辛亥知县黄鼎象、康熙乙卯知县陆文焕、雍正癸卯知县张淑郿各一续修。

凡四卷，一恩典等，二学校等，三选举等，四古迹等。

其书采宋志及明以来旧志杂纂而成,殊鲜新增也。

临安为孙吴时临水县,至钱氏时其名始著。

宣统临安县志八卷

宣统二年知县彭循尧修。

乾隆旧志为目凡五十七,今厘为八卷,析为舆地、食货、学校、礼仪、职官、选举、人物、艺文八志,眉目较为分明。然旧志引证出处则概予删除矣,其所增者,则咸丰中殉难人物其一端也。

嘉庆嘉兴府志八十卷

嘉庆五年知府伊阳安修。前有阮元序,称其体例有三善,其言曰:"一在经界之明析。嘉靖赵志作方画,简而有法,仿其意为之,疆域之广袤、水利之堤防、展卷了如,此合乎夹漈图谱之学也。一在金石之著录。至元志所载碑碣,搜罗独富,吴任臣作《十国春秋》,藉以证据。今悉存其目,甄录其文,此合乎舆地碑目之例也。一在采录之详出处。旧志引用不详所自,使阅者无可考见,宋元明来著作家往往而是。乃广为搜录,一事一文必载本书……此合乎古人实事求是之道也。"观此,则本书固近世志中之佼佼者。

嘉兴之有志,创于宋闻人伯纪,纂于关表卿,继于元之郡博徐硕。宋志已不可得见,然马端临评其草草,则缺略可知。元志仅有抄本流传,而在当时尚称完善。有明一代,修者凡三,为柳志、赵志、沈志。迄清初则有康熙十一年袁太守国梓、六十年吴太守永芳先后续修,并此亦为三修矣。

本书为卷八十,为门四十,兹为详举其目如下:卷一图说、星野,卷二建置,卷三疆域,卷四城池,卷五桥梁,卷六、七公署,卷八、九学校,卷十、十一坛庙,卷十二、三山川,卷十四、五古迹,卷十六坊表,卷十七冢墓,卷十八、九寺观,卷二十户口,卷二十一、二田赋,卷二十三、四蠲恤,卷二十五仓储,卷二十六漕运,卷二十七盐法,卷二十八邮传,卷二十九水利,卷三十海塘,卷三十一武备,卷三十二农桑,卷三十三物产,卷三十四风俗,卷三十五祥异,卷三十六至四十一官师,卷四十二、三名宦,卷四十四至四十九选举,卷五十至六十二列传,卷六十三至七十一列女传,卷七十二、三经籍,卷七十四至七十七艺文,卷七十八金石,卷七十九丛谈,卷八十旧志叙录,而卷首另列天章一门,专载清圣祖高宗巡幸时吟咏篇什及巡典,盖嘉兴固曾经翠华六幸也。

嘉兴故秦汉会稽郡地,三国时为吴郡,唐为苏州地,晋天福三年置秀州,宋庆元元年始升为嘉禾府,旋又升嘉兴军,元为路,明洪武初改曰嘉兴府,清遂因之。本书于郡之沿革离合每甚详尽。

光绪嘉兴府志八十八卷

光绪四年知府许瑶光修,郡人吴仰贤纂。

前志自嘉庆伊志后,尚有道光二十年于尚龄修本。惟因咸丰庚辛之乱,已遭兵燹,片板无存。据序称"于志承伊志而变之,削引用之原书,删记载之始末,遗赋役之细款,收浮薄之艺文,裁官帅之列表,采私家之骨董",则固非佳志也。

本书门类悉依伊志之旧,兹不具举。惟列传丛谈合三十八卷,实居全书十之四,虽曰乱离之后抗节赴义者实繁有徒,究嫌末大于本,致全书失其平衡,未可以为法也。至其武备之末附记中外交涉事件,兵事之后列举枪匪之为害,则为伊志所无,抑亦重要之史实也。

万历秀水县志十卷(民国乙丑重印)

万历二十四年知县李培修,县人少詹事黄洪宪撰。

此书久无传本,金蓉镜自蒋氏乐地庵抄存重刊,并补其残缺。金氏跋云:其书凡有数善,一记田赋备载明制,并辨款流目细数,较他志为详;二纪乡圩必详述田亩分数、水道源委,为经野之要;三述风俗甄善而不讳恶;四叙人物必按今地所在;五纪其先人仿元好问《中州集》例,引墓志不自为传。今按五善之中。尤以人物必著里贯,最为他志所忽,可称也。

凡十卷,为舆地、建置、食货、官师、选举、人物、艺文、丛谈八志。

康熙秀水县志十卷

康熙乙丑知县任之鼎修。

宣德四年始分嘉兴置县，至万历辛卯知县李培因修府志之便始成县志。

凡十卷，一建置、沿革等，二公廨等，三户口等，四官师等，五帝纪等，六、七人物，八至十艺文。

卷二驿递中载顺治年中驿站厂夫之害，仓廒中载漕粮干折之害，皆一邑之重要史实也。其他所载有关系之公牍亦颇多。方技传中陈以诚，永乐间隶太医院，累从郑和往西洋诸国，此人在吾国医术界中应占重要位置也。

光绪嘉善县志三十六卷

光绪甲午知县江峰青修，县人举人顾福仁纂。

据所录旧序，正德丁丑知县倪玑始修，嘉靖庚戌知县于业继之，万历丙申知县章士雅又继之，康熙丁巳知县杨廉、甲子知县崔维华、雍正甲寅知县戈鸣岐、嘉庆庚申知县万相宾又继之。万志之后有道光庚寅知县张如梧所修而未刊之稿，经咸丰之乱而散佚也。

凡三十六卷，一至四区域志，五、六建置志，七、八典秩志，九至十二食货志，十三武备志，十四、十五官师志，十六至十八选举志，十九至二十九人物志，三十至三十三艺文志，三十四至三十六杂志。率依万志之例，而取材弥为博核。

明宣德五年大理寺卿胡概巡视江南，谓地广赋繁，请立县治，遂割嘉兴东北境为嘉喜，建治于魏塘镇，此设县之由来也。

方志余记十六

光绪海盐县志二十二卷

光绪丙子知县王彬修，鸿胪寺少卿、县人徐用仪纂。

按序录，宏治庚戌知县谭秀、嘉靖壬辰知县夏浚、万历乙亥知县张瑀、天启壬戌知县樊维城、康熙癸丑知县张素仁、乾(历)〔隆〕丙寅知县周宣猷各一修。天启志称《图经》，乾隆志称《续图经》。

又据徐氏自序，自永乐至天启凡五修，万历志仅有存者，天启图经文词古雅，考据精详，自成一家著述。乾隆图经镌校早毁，流传亦少也。

凡二十二卷，一县表，二职官表，三选举表，四至八舆地考，九、十食货考，十一典礼考，十二武备考，十三祥异考，十四名臣录，十五至二十二人物传。其舆地等称考用《五代史》，名宦称录用阮元《广东通志》之例也。

本书舆地诸篇多采天启图经之语，文体仿水经注，叙事详赡，信乎明志中之难得而可法者也。

康熙石门县志十二卷

康熙十五年知县邝世培修。

据凡例："宋淳祐有语溪志,明有正德洪志、隆庆朱志、万历初陈志,俱残缺鲜有全帙,至辛亥靳志汇辑成部。"本书以勒志为本也,洪志洪令异修,朱志朱令润修,靳志靳令一派修。

凡十二卷,一、二纪疆,三纪制,四纪官,五纪士,六纪献,七至十纪文,十一纪事,十二外纪。

县为古御儿地,五代时置崇德县,宋以后因之。康熙中以避崇德年号改此名,以县有石门镇故也。

赋役篇有明代军户、灶户、匠户之制,其他亦多存明志之旧。又列女皆有实事。

光绪石门县志十一卷

光绪五年知县余丽元纂。前志修于道光元年知县耿维祐也。

其凡例称"耿志考订精详,记载赅备,允为善本。此次续修,嘉庆以前悉仍耿志"。惟耿志有目无纲,而此则以纲统目,实较优矣。

凡十一卷,即分为舆地、建置、食货、典礼、武备、官师、选举、人物、列女、撰述、杂类十一志。而食货一门颇多可贵之史实。

其卷首所录旧序,自宋《语溪志》迄清邝、耿二志悉数著录,于修志源流开卷了然。书中于引用各志分别注明原书,亦一善也。

光绪平湖县志二十五卷

光绪十二年知县彭润章修。

据前志叙录，嘉靖四十二年知县顾廷对、教谕法暐创修，九卷，所谓法志也。天启七年知县程楷等重修，凡十九卷，曰程志。康熙二十八年知县朱维熊等又修，凡十卷，曰朱志。乾隆十年知县高国楹等又修，凡十卷，曰高志。乾隆四十四年知县张力行等又修，凡二十卷，曰张志。乾隆五十四年知县王恒等又修，凡十卷，曰王志。嘉庆十年知县路焞等又修，凡十卷，续四卷，曰路志。

据凡例，"法志今不得见，程志颇觉繁芜，朱志尚称简净，高、张二志迭有增修，至王志而大备。今则乾隆以前悉遵王志，嘉道以后则采之遗书"。

其门类亦略依王志，曰地理、建置、武备、食货、祠祀、职官、宦绩、选举、人物、经籍、金石、外志，凡二十五卷。

详其宗旨，颇重事实，其疆域篇详纪都圩号数地名，此意最为伟识。盖乡村编制既常随政体而变更，流俗地名复易逐时代而湮没，非详为纪载，则失传久之意也。其武备篇有前明□变、英夷、粤匪纪军三篇，亦详略得中。

平湖自宣德五年始析海盐县东北境当湖镇为县，隶嘉兴府。

光绪桐乡县志二十四卷

光绪八年县人严辰撰。

其自序略曰：桐邑旧志修于嘉庆四年，谓之李志。继属崇明黄某续修,而又偏重文法,略者甚多。乃广搜诸书,自编此志。恪遵雍正六年谕旨所谓志书与史传相表里,其登载一代名宦人物较之山川风土尤为紧要,务期考据详明采摭精当,既无阙略亦无冒滥,以成完善之书。自云才学识一无可信而心则不可谓不尽,其犹敬慎而不师心自用者也。

据凡例,"桐志之撰于前明者有天顺间危教谕山《桐乡志》七卷,宏治间钱君荣《续志》十四卷,正德间任令洛《桐乡县志》十卷,万历间冯公孜《桐乡志》无卷数,今皆失传。国朝有周公拱辰邑乘八卷,惜稿本早为盗劫失去。惟康熙十七年仲公宏道《桐乡县志》五卷。此次修志所据为蓝本者乃嘉庆四年李令廷辉所修之十二卷也。"

洪武二年析嘉兴府崇德县置县治于梧桐乡,故名曰桐乡。其市镇若青镇、濮院、石门、皂林,皆名区也。

凡二十四卷,其目曰:疆域、建置、食货、官师、选举、人物、列女、艺文、杂类、撰述,而附以杨园渊源录。其所引义例,已遵行者始乾隆钦定《热河志》之芟去"分野"一门,未尽遵行者,如嘉庆五年万相宾《嘉善县志》之于职官之被劾去及有贪酷事迹者皆直书不讳,皆具有阅识。其自定义例,如云:"修志动称史法,于人物之祖孙父子必为合传,此大非宜,旧志不用合传,颇为得当。惟各传绝不相蒙,使人不知为祖孙父子,亦嫌疏略。今于祖父有传者注明传首,子孙有传者注明传尾,俾便检寻,且亦略存章学诚修志必表世族之意。"又如云。"各县志人物传皆不载明某乡之人,惟《徽州府志》详载之,此次修志凡可考者并为详注",

亦深可称也。

又云："章学诚论志传人物有增无削，盖无论上而四科之属，下而一技之长，业经前人论定入志，传之百十年，后人何所见而削之？今修桐志亦守此戒，乃有不能不削者，为宋之莫泽。考莫泽为绍兴四年进士，后为御史，与梁成大、李知孝同为史弥远鹰犬，人皆目为'三凶'，载在《宋史》。《御批历代通鉴辑览》亦特引之，为天下后世所共见共（问）〔闻〕，故乌青文献不为立传，而于科第门内注明三凶之说。石门县志及旧仲志亦皆无传，乃旧志忽为立传，不知何意？且传中亦仅胪列官阀而无一语及其人品学问，殆亦有难以下笔之处，今特削之。并于园宅冢墓门内削其所载之宅墓，而仅存其名于科目表中。韩昌黎云：'诛奸谀于既死'，窃附斯义，请质高明。"斯则与万氏嘉善志直书政绩之旨不合矣。所谓诛奸谀于既死者，必有其人而后可诛，落削其人诛于何有？历来方志狃于志异于史有褒无贬之说，但非美事。辄加祛削，实为弊习。惜乎严氏见及之而更为所蔽也。

又云："人物志道学源流一门实为杨园而设，嗣因访得吴江沈曰富所著《杨园渊源录》一书，足相发明，即为附刻志后以广其传。考宋罗濬宝庆《四明志》后亦附刻梅应发、刘锡所撰《开庆续志》，即专记大使吴潜一人之政（续）〔绩〕诗词，载在《四库全书提要》，称其'足资援据'。彼夸名宦，此表乡贤，有例可据，不嫌杜撰，识者鉴之。"此亦未为不可。然以学案之体裁混入方志，恐亦不免于《四库存目提要》之所以讥戴氏《广东通志》也。

然其扩增旧事，动改数倍，测绘舆图，至于数次，著书不苟，似此者亦稀矣。

乾隆湖州府志五十二卷

乾隆四年知府胡承谋撰。

本书四十五卷列举谈氏《吴兴志》以下甚备。迻录如左：

谈　钥　吴兴志二十卷　宋嘉泰元年

劳　钺　湖州府志二十二卷　明成化九年

王　珣　湖州府志二十四卷　弘治四年

张　铎　湖州府志十六卷　嘉靖二十一年

栗　祁　湖州府志十四卷　万历二年(今按：顺治六年知府程量取栗志删而刻之，曰程志。见光绪志。本书略而未及。)

其属县之志。则

唐　枢　乌程县志一卷(嘉靖十三年)

刘沂春　乌程县志十二卷

唐枢归　安县志二卷

伍余福　安吉州志十六卷(正德)

江一麟　安吉州志八卷

刘　巽　长兴县志

周镐夫　长兴县志

臧　衍　长兴县志六卷

黄光升　长兴县志二卷(嘉靖)

顾应祥　长兴县志十二卷

陈　霆　德清县志九卷(嘉靖)

敖荣继　德清县志(天启甲子)

易　纲　武康县志(弘治)

骆文盛　武康县志八卷(嘉靖丁未)

郭治孝　丰县志(嘉靖)

黄朝选　孝丰县志二卷(万历壬寅)

凡例云，"谈、劳二志久已失传，王、张二志亦仅有存者……张志颇称简严，然失之略。栗志别创体格，按之讹舛滋多。郑氏(元庆)湖录，殚心数十年，雅为详核，而本朝百年来事迹阙焉。今节其繁芜，采访褒益"。其所采私志，有若徐献忠《吴兴掌故集》、董斯张《吴兴备志》、张睿卿《苕记》、宋云《西吴里语》、王道隆《菰城文献》、郑元庆《石柱记笺释》、徐元禧《湖州备考》诸书。其志一方者，则有张炎贞《乌青文献》、陈霆《仙潭志》、沈绪椒《续仙潭志》[①]、张睿卿《岘山志》、闵光德《东林山志》诸书。

凡五十卷，一星野等，二城池等，三学校等，四、五山，六水，七、八古迹，九、十寺观，十一祠祀，十二陵墓，十三、十四津梁，十五塘堰等，十六、七名宦，十八至二十二人物，二十三、四列女，二十五寓贤等，二十六至三十五帝王等表，三十六户口等，三十七水利，三十八祥异，三十九风俗，

① 应为沈戬谷《仙潭后志》。

四十、四十一物产,四十二、三碑版,四十四至四十七著述,四十八胜集,四十九、五十旧闻,益以卷首、卷末为五十二卷也。其曰胜集者,谓石尊联句之类也。

同治湖州府志九十六卷

同治十三年知府郭式昌继前任修成。郡人周学濬、陆心源、汪曰祯等纂。

郑元庆之《湖录》,本为府志稿本,自谓竭十三年心力。乾隆初胡承谋据而成志,已著录。及二十三年板不戒于火,知府李堂又重修焉,曰李志。及是仍病其疏舛,遂开局延当时知名士纂成是编。陆氏序云:"建置则正谈志之讹,疆域则削王志之谬。乡镇都图前明旧制也,旧志承袭,则改。水利蚕桑湖郡要务也,旧志简略,则广之。名宦人物旁稽古籍,凡增补五百余人,续纂三百余人……金石、艺文二略,搜存考佚,穷源溯流,增于旧志数倍。为卷九十有六,计二百四十余万言。"信乎杰构矣。

按其体例,亦自远胜于旧。卷一图,二天文表,三建置表,四疆域表,五至八职官表,九帝王等表,十至十五选举表,十六封荫表,十七至三十三舆地略,三十四至四十三经政略,四十四五前事略,四十六至五十五金石略,五十六至六十一艺文略,六十二、三名宦录,六十四至九十人物传,九十一方外传,九十二府志缘起,九十三至九十五杂缀,九十六辨证。

附　录

方志考稿序

乌乎，伫中区以玄览，驰思乎千古之深，极望乎九域之遐，何吾民族之情态蕃变万殊而不可端倪也。据一室而欲概所见闻，据所见闻而欲祛其病苦以蕲于进境，几何其不错锝而败衄也。近代物质文明所集中之都市，类皆日竞于新而不可遏，至于竭心力以赴之犹若不及。若一涉足一回顾都市以外数里之郊，则其生活其智识乃堕都市居民之后，无虑数百年之迥绝。其道里相去弥远，则其程度相绝弥甚，岂惟都市之与乡野为然。即一都市之中，其人民之思想或绝尘而驰，或犹胶附于高曾所诒而不少变，相去亦辄甚辽远。其怪异不循理性之现象，则显然可识矣。

吾中华民族能自认识了解其民族之特性邪？在此怪异不循理性现象之下，孰能认识之而了解之？不能认识了解，而曰持一切之法可以束缚驰骤之，决无是也。广轮若此大也，历史若此其永也。吾民族中一言一动一衣服一饮食盖莫不有其历史与地理上之影响，而决非偶然成就。今欲于凌杂参错之中寻一线之脉络，以知吾民族之思想行动受害自于何方，则当上探时间之演化以明其层累之迹，下循空间之播荡以究其感所由。然后相疾之所宜以疏药饵,因水之所近以立堤防。冲抵扞格之患,庶乎其可以稍杀也。

嗟嗟,吾国人之不能认识了解吾民族性者盖有由矣。无真史故也。史不能明全体社会活动之迹,而徒措意于一二人之殊功美行。亦犹乎吾曹今日但知环吾左右者之思想行动大抵从同,而不知距吾曹稍远者,其思想行动乃胶附于数百千年之前而少所变也。夫史者非如几何之直线,但有长度而无宽度。乃譬之石之入渊,且下行且旁散为波状。往时之史仅得下行之状,而于其波动未尝一顾焉,所以为无真史也。

然而有差近焉者,则方志是矣。方志者地方之史。有通史以观其会通,有断代之史以析其时代,则纵贯与横剖之象皆具焉。有地方之史以规其区域,然后于纵贯之中得横剖之象焉。古昔国史不可得详。然自常璩《华阳国志》以来,大至方州,小逮村镇,禹域之广,几无无志者。虽其良楛不齐,然吾曹生于载籍荒阙之日,犹得勉执残编以蕲吾向所云明其层累之迹、究其感受所由者,端惟此林林数万卷之方志是赖。读方志然后知种族之分合,然后知文化之升降,然后知民力之消长,然后知吾曹所习见习闻者之外犹有若彼若此者存也。

虽然,方志之涵史义,固亦自近百余年来而渐然。宋元方志存者寥寥。其义法虽不尽醇,犹不失记事纂言之意。至于有明,因修一统志而后征各省志书,俗人不学,相沿以方志为地理之记。甚且以为题名颂德之书,揽胜抒情之册。兔园谬解,场屋劣文,官吏视为具文,乡绅资其升斗,谈者相戒,摈勿寓目久矣。自顾炎武编读各省志书而有《郡国利病书》之辑,承学之士始渐知斯学之要。会乾隆朴学盛兴,毕、阮诸公开府大邦,力振文业。有司承望风旨,大师如戴震、洪亮吉、孙星衍、武亿之伦,遂得传食名都,经年载笔,勒成诸志,颇复斐然。然诸君勤于考古而忽于纪实,实未能真知方志之体也。惟章学诚以独到之目光,萃毕生之精力,深明方志之当古国史,其纂述宗旨在乎刊除浮伪发挥实状,使后人得以追睹前事,纤悉无遗。以今日之语譬之,真所谓能写全体社会活动之迹者。虽其所撰不能尽如所期,然其发明义例,振起浮俗,使方志之用增其伟大,章氏之绩,可谓迈越寻常者矣。

自章氏之学闻于世,操觚之家得其绪论,所撰之志,类有可观。乾隆末叶以迄于今,卷帙颇复非少。然迄于晚近,学术弥光,章氏之说,犹有未尽厌时代所需者。故执章氏之说以驭吾国之方志,在今日犹多未合也。

虽然,此非章氏之过也。章氏建州县请立志科之议,盖深有慨于平日地方政事之不存,临事网罗散佚之难备,则虽有至美之义法,不能得至良之信史。而孰料言之百余年,不但保存文献之法无人加以讲求,且摧毁之、湮灭之惟恐其不漸尽。一旦奉簿书之督责,则虚应功令相率为伪,漫录豪无根据之册籍,不惮公欺天下后世之听闻。此地方官吏所为也。若夫乡里人望,则又徒营营于声气之奔竞,耳目之炫耀,于装点门面之具出之惟恐不速,于考见史迹之质匮之惟恐不深。举世茫茫,所见如此,宜乎良志之不易有,而考史者辄为索然气尽也。

然而就现存之方志历数其裨益治史者之途,犹有六焉。社会制度之委曲隐微不见于正史者,往往于方志中得其梗概,一也。前代人物不能登名于正史者,往往于方志中存其姓氏,二也。遗文佚事散在集部者,赖方志然后能以地为纲有所统摄,三也。方志多详物产、税额、物价等类事实,可以窥见经济状态之变迁,四也。方志多详建置兴废,可以窥见文化升降之迹,五也。方志多详族姓之分合,门地之隆衰,往往可与其他史事互证,六也。凡此六端,皆为治近代史者所亟欲寻究,而方志皆往往足供焉。广哉其所苞举,富哉其所沾溉也。

吾曹而欲稍稍认识了解吾民族乎?则此浩如烟海之方志不可不一瞻望其涯涘也。夫使乾隆四库开馆之日,能广收方志,一例编为提要。抑或有如朱彝尊之伦,有如《经义考》之作,以收纲举目张之效。则读书者循其指以获其所需,岂不甚便?然而前修皆未尝措意也。此无他,往时无公共藏书之所。方志之庋藏固已不易。试历各省而求诸县志,其能每县得其一种葆存无缺者已尠矣。遑问其能集诸本而并存之,以权其美恶。一人精力有限,岂能尽如顾炎武周历以求。今日号为藏志最富之区,断推国立北平图书馆。盖承前代志馆征集所遗,往往有珍贵之本为其本县修志时所未见者。然所收偏于乾隆以前,而乾隆以后之新志弥复可珍,不宜割弃。近时上海涵芬楼亦聚千数百种,则新志亦渐备焉。北平图书馆所藏略见于古学丛刊所刊布之清学部图书馆方志目,而涵芬楼亦辑有目录。外此私家藏志者尚不乏人,虽更无编目以问世者,然求书倍易于往时矣。藏书之便如此,而提要之作犹阙然有待,非一憾欤?

余之得略窥方志之学也,实初启于髫龄。先君文慎公轺车屡出,所至必检阅其旧志,试事报竣,捆载以行,归田以后尚余数巨篋。自余能识文字,常窃取而翻箞之。乐其易读,他固无所知也。岁月侵寻,驱驰四方,田庐荡然,藏书煨烬,惓惓故业,未尝或忘。比年忝据燕京、清华诸讲席,渐得观其图书馆之藏书,所见益富。辄思每种撰一提要,以备遗忘。然铢积寸累,程功殊缓。今岁之春,谒宜兴任振采先生于天津。任公世富藏书,近更竭十许年力,聚方志千五百种。分别部居,厘然不杂。且蓄志搜集,久而不懈。往往有瑰异之本,为北平图书馆所未有者。且侧重近著而不虚慕好古之称,切于实用,尤非寻常藏书家所及。闻余欲撰提要之说而跃然韪之,遂尽出其所藏,恣余检阅,相约成书,刻日为程,然膏不辍。余每至天津则适馆授餐,随义商榷。家居则辇书相就,邮问稠叠。虽縻金费日不惜,惟以促书之成。乌乎,怀此有年,得贤主人倾心相助而后克举,文人相知之感,何可无也。虽然,任公亦岂姑欲余一书之就而已,又岂姑欲炫耀其所藏以为名而已。盖深知方志之有裨于史学,而可以蕲至于吾向所云明其层累之迹、究其感受所由,以渐为改造吾国家之指导,是以乐与余从事而不怠也。

提要之作，古今无以逾四库矣。其文字之流畅，评判之精充，足为永式。余之始辑是书，盖颇思步其绳尺而稍稍随宜通变于其间。大抵每书必首严其名称，次述其纂修之年月与纂修者之姓名，次述其旧志之沿革，次述其类目，次辨其体例，最后评其得失。尤注意于其所苞之特殊史料，将使读者开卷而了然于其源流所自与其内容所涵。方志不可得尽观，观此一编则亦庶乎可以按图索骥而无望洋向若之叹。然余之草此书，仅为随笔笺记之体，以视朱氏《经义考》，虽不敢望其宏博，形式固犹近之。若纪氏之提要，则实非浅率之所敢比伦。兹姑承用朱氏之名谓之《方志考稿》，庶几旦夕不填沟壑，留待他日写定云耳。

初稿将成，欲就正于贤达，则非暂付模印，其道无由。爰先检旧直隶、奉天、吉林、黑龙江、山东、河南、山西、江苏八省，署曰甲集。凡为六编以贡诸当世。

方今藏志之家，所收丰衍，固不止是书之所录。以余陋闻瞢识，乌敢望悉取而见之。今兹所录，但以任氏天春园所藏者为限。是书既出，倘有闻而兴起，假余以紬绎之会，俾得续有所成，则固所愿而不敢请。其或别起新例，纠弹漏失，更有以胜余倍蓰者，则兹书直可覆瓿。余亦未尝不馨香企望也。

民国十九年十一月，瞿宣颖兑之父自叙于北平

方志考稿序二

　　古今载籍极博，一人之所得殆真如饮河满腹之各有分限存焉。即其所得而终身研求之有不能尽者，况过此哉。凤苞少小粗解文字，即好聚书。长随宦辙，获奉教于当世贤达，始稍窥学问之藩，而频岁奔走，学业渐荒，将欲收视返听，稍寻坠绪，则岁月侵寻，已邻炳烛之境。窃念方志一门，为国史初基。典章制度之恢闳，风俗土宜之纤悉，于是焉备。乾嘉诸老，树立宏达，突越前修。而敝习相沿，视等具文，白苇黄茅，芜滥极目。若翦其榛楛，撷其英粹，有如亭林顾氏所为，不贤识小，庶几于史学有一得之献。迩年谢事，杜门却埽，发箧中所藏诸志先为编目。所未见者，百计访求。友朋驰讯，必以相属。北极穷边，南届海澨，邮裹络绎，寖以日多。生平所见，已公布之志目，学部图书馆所藏悼乎不可及矣。涵芬楼同此编摹，久而不懈，所得则颇相颉颃。四方交好，多怂恿以所藏志目问世者。顾私意编目有二难焉。各省修志，近者数年，远者百余年。其时代先后，若为前茅，若为后劲，必须排比严饬而后脉络可寻、优劣可论。则编目但称纪元不足以尽其用。一也。操觚之士名有隐显之殊，主修之官任有先后之别，编目但称某人修，又不能得其实。二也。欲去二难，则语焉宜详，非仅逐书举目而已。至如体例之精窳，事实之疏密，日夕泛览，遂多旁通，得失之林，胥可指数。并宜沏入一书，以便来者。然以人事卒卒，兹事体大，畜于心而未敢率然举也。近晤瞿君兑之，知其亦从事于此。每阅一书竟，辄为条记，略以直斋陈氏、竹垞朱氏之体。虽不尽如余向所拟议，抑自有方志以来未有之盛举矣。兑之讲学诸校，借书而读，多废时日。余则发愿尽出所藏，供其研讨。邮递纸墨写官之费，亦余一力任之。兑之谦不敢名其书曰提要，姑沿朱氏之称曰《方志考稿》。凡余所藏诸志大抵已悉列其中，而纲举目张几于明备。兑之好学能文，根柢夙裕。复治欧西史学，能以精到之目光，绳旧志之违失。每植一义，犁然有当于人心。其补实斋所未及者，虽会稽复出，亦当为之击节。兑之自以为读书记之流，余则谓允为书目中之上乘。虽不必以著述自鸣，要为今后治方志学者之津梁，不可废矣。求书三十余年，聚此数万卷，一旦得兑之为之整比，其为愉幸，何可言耶。

中华民国十九年十月，宜兴任凤苞序

方志考稿序三

方志之学洽乎史裁、通于政理，其说倡自章实斋先生，卓然无以易也。自实斋阐明斯义以来，晚出之志虽不能尽如所期，而既知旧说之非，已渐呈改进之象。实斋论志诸篇中尤以吴郡志、姑苏志、滦志、武功志、朝邑志、灵寿志及姑孰备考书后七篇最为深切。是七志者，夙负盛名，而修志家辄奉为矩矱者也。自经指斥，遂鲜称诵之而则效之者，则此七篇之效亦略可睹矣。假使实斋当日就其所见之志悉加评论，勒成专编，其效又当奚若。为自实斋以后迄今百数十年间，未闻有继其所业而措意及兹者。推求其故，约有三焉。旧存志书大率芜秽，绳以史法，殆无完肤。概加讥评，恐伤忠厚；存而不论，又非所安。近出之志，作者见存，措词质直，又虑贾怨。此不敢为之者也。自昔藏书之家于方志非所注重，纵有藏庋，为数不多。欲窥其全，殆不可得。既鲜凭借，无自持擇；仅据丛残，又嫌陋略。此不能为之者也。即或凭其势位，足以得窥多数之方志矣。而一省之中通志以逮于县志，一志之中自始修以迄于数修，纷然杂陈，难以悉数。欲事钩稽，甚费时日。成书匪易，得名偏难。背于恒情，谁乐为此。此不愿为之者也。

余往在北都,因修龙游县志曾就部院及诸图书馆所存志书勤加参证,偶有所见,亦曾为之札记。仅得二百数十条,未能成书也。戊辰南归,并此失之,居恒窃自耿耿。今何幸而得兑之先生是编也。兑之以淹通之才卓越之识,博稽广览以成斯编。视余往昔所为既精且备。余书固宜覆瓿,则亡失亦不足惜矣。是编次第仍依《清一统志》,每篇先叙其编撰年代及姓名,次述其旧志源流,次述其卷数目次,次评其体例优劣,次约其地方沿革,最后评其得失,尤注意其所含之特殊史料。体裁既佳,考论亦当。其为不朽之作,有识皆知,无烦更说。乃必欲余以一言为之序,自惭弇陋,本不敢承。顾以为是编关于史裁与政理者至大,有不能不为天下后世告者,请具言之。

修志之业功侔国史。乡曲无知,恒藉此为沽名牟利之方,甚或为徇知修怨之具。又以为事属一方,无与异地,纵腾簧鼓,终免讥弹。有此一编,足以破其谬见。则凡议修聘任以及采访编譔诸事,自不敢轻易将之。其一也。修志之人不尽才智,所闻所见每被囿于方隅,孰是孰非恒不得其正鹄。亦惟就其所见所知步之趋之而已。此虽通病,抑亦情势使然。有此一编则优劣既分,自能择善而从,知所矜式。且意存褒贬,成规具在,亦不敢率尔操觚。其二也。《四库提要》于他类之书不厌精详,独于此门采辑殊略。通计著录及存目所收不过百五十部。其所评骘亦仍旧见,无所发明。他家著录,宋志而外亦鲜论列,盖犹有轻蔑之见存也。是编出而方志之学始厘然独立为一科,不容鄙视。

是实斋仅启其端，至兑之乃竟其业。其三也。承学之士欲于斯学窥其门径，而卷帙繁重，每觉茫然。陈陈相因，读之生厌，欲知美恶，别择尤难。得此一编，粲焉具备，孰得孰失，展卷了然，兴趣既生，研求自易。编中又多含史料，尤与治史学者以参互之机、兼通之益。其四也。方志为国史要删，实斋论之详矣。往时国史多偏重皇家政治，且有专馆掌之，犹有藉于方志。今者国史之业既无专司，而著作体裁亦宜略变。必当参用通志之例，广载各地方社会情形，而不能偏重于中央政治，乃事理之当然，亦时势所至。若是则有赖于方志者益多。是编既注重特殊史料，则他日修史者得以注意取材之源。其五也。自近世以来，政治凌夷，虽屡变而不能中理合度、协于人情。国事脆龁，职是之由。虽其种因甚多，而秉政者不能深察民俗之所由成，与其所遗传、所蕴蓄、所熏习、所演进之迹，任情措置，亦其一端。然方志之芜杂纷乱，亦实无繇使秉政者得取以为考镜探索之资。故今日急务首在整理旧志，记其存佚，辨其精粗，详加考求，俾便采取。由局部以窥其全，因会通而察其变，以为他日立法施政之基，而求达乎好恶同民之治。其六也。综是六端，其关于史裁与政理之效盖可逆睹矣。昔实斋之议修史籍考也，凡属史部之书，巨细不遗，悉登于录。独于方志一端厌其繁芜、病其难聚，谓可取者稍为叙述，无可取者仅著书名，不及见者无庸搜访。此与其平日所述稍有不符，而于作者之旨亦觉未惬。窃谓惟其繁芜故应整理，惟其难聚故应搜寻，不宜畏难，不宜苟简也。此实千虑之失，不能为贤者讳也。余固有志焉而未之逮矣。兑之乃能举人所不敢为、不能为、不愿为且并实斋所未为者而毅然为之，不数年间成斯巨制。发愿之宏，成就之伟，度越寻常，殊堪惊叹。不图今日乃有斯人，其沾溉于来世，功岂在实斋下耶？读者若仅以寻常目录之学视之，则浅之乎视此编、浅之乎视兑之矣。余是以不容已于言也。

庚午孟冬之月，龙游余绍宋序于杭州寓居之寒柯堂

方志考稿凡例

一、本书以旧直隶为第一编,旧东三省为第二编,山东为第三编,河南为第四编,山西为第五编,江苏为第六编,总曰甲集。

二、历来修志者往往不题纪元之号,但云某某府志某某县志,若数本并陈,遂难分别。兹概依乾道临安、景定建康之例,题其始修之年号;若同一纪元而有二本,则并题纪元某年。此虽与其原题之名不符,非得已也。若原题续志、补志之类无损大旨,则悉依而不改。

三、同名之县若不冠以省名,则援引时难辨别,亦依前例辄为加题。

四、见存方志以有清一代为多,凡其次第仍依《清一统志》,其名称亦然,而注今名于下,如直隶注今河北之类。一省之中,首省通志,次府若直隶州志,次县若州厅志,次乡若镇志。其昔有今无、名号迭更者,未遑一一注明,避烦琐也。

五、凡称某官某人修者,指其主修之长吏;若确知其执笔为某人者,则兼称某人纂;若两人同具名者,则称某某同纂;其长吏自撰者,则直称某官某人撰;其主修之长吏不止一人,则或称某人继前任修成,或称某人等修;其执笔之人不具名者,则称用某人稿,或请某人纂,随行文之便为之,而其大别如是。

六、《学部图书馆方志目》(本书简称学部志目)于某种下必称何年刊本及某人序,其实既著某年所修,则某年所刊殆可不赘。今惟旧志重刊或元本未见而仅见写本者,始注明于下。至于旧志序文每多肤滥,其有无元不足道,今亦推其有关系者始述及之,以避屡见。

七、前代纪元屡见文中,如明万历、清康熙之类,实邻繁琐,今多去其有天下之号而称之,览者寻文自知先后,无取频举也。

八、称人以字、以官爵、以里居,恒致后人迷惘,今悉举姓名,惟偶有习见之人,因行文之便不宜数称其名,微变其例,非有所轩轾也。

九、每篇大抵先述其编撰年代及姓名,次述其旧志源流,次述其卷数目次,次评其体例优劣,次约其地方沿革。然依次排列,近于簿册,妨于文体,故仅能示大凡而已,不必每篇皆如是也。其一地方而有数篇者,则详于前不必详于后,详于后亦不必详于前,合而观之,自得其全也。

十、本书范围无时代之限,宋元诸志悉应列入,然以人所习见姑从阙焉。明志中若康海武功志之类,已有章氏定评,发挥无剩,亦不緟赘。至于四库所著录者,颇多遗义,且见者亦希,则仍一例编次。

十一、有不标方志之名而居方志之实者,亦就一体列入，然追源溯流，应以《华阳国志》为称首，兹姑依四库之例而取断焉，近代乡土志、文献志之流，实为方志别名，悉列不加疏剔，而名山志则暂未遑及焉。

十二、学部图书馆志目于修志年代及姓名多有失实者，今皆纠正，惟其异同览者自见，不能一一表而出之。

十三、本书本记事纂言之宗旨，聊备遗忘，偶有珍闻，辄加迻录，不尽关于体例之是非，稍出范围，览者谅焉。

十四、官名地名不遵时制，为章氏所诋，本书力避此病。然称某府之人不能称府人，不得不变其词曰郡人，诸如此类，不能胶柱。

十五、本书每篇系论长短不齐，大抵详于名都而略于僻邑，苟于近著而宽于前代，尤以明代诸志篇幅既短，纸墨又多漫漶，体例则芜陋从同，文字亦庸劣一概，非之无举，刺之无刺，实不劳一一评骘，弥加简焉。

后 记

近代湖南人才辈出,留下许多有价值的资料,长沙图书馆近年来一直大力收集各类乡邦文献。2016年经由朋友提供线索,从苏州一家古旧书店征集到长沙人瞿鸿禨、瞿宣颖父子的手稿、日记、档案一批,其中许多资料很有研究价值。此后几年想要做一些整理工作的想法一直萦绕心头,但却一再耽误,进展缓慢。俗务缠身只能做个借口,自己对瞿氏父子的生平、学问、事功所知不多,需要补课的地方太多。好在虽然平时工作忙碌,好学的韧劲并未消退,而且钻进故纸堆也给自己带来内心的澄净。目前,已经整理瞿鸿禨手稿中的一种《星轺便览》,由湖南美术出版社出版,撰写有关瞿宣颖方志学手稿的研究论文发表在学术期刊。

章学诚说凡欲经纪一方之文献,方志、掌故、文征三者缺一不可。瞿宣颖熟谙文史,工于诗词,兼习书画,治学博涉多通,邃于治史,尤精方志之学,于社会风俗、职官制度、秦汉史料、历代掌故及唐人诗文之笺证,造诣甚深,尝试整理他的手稿是一个艰难的挑战。本书能够整理出版,必须要感谢一直以来给我鼓励和指导的诸位师友、同事和家人:

感谢王自洋馆长给予的大力支持,张玉亮老师为文稿校订付出的努力,感谢夫人白杨在我周末加班、深夜伏案时的体谅和关照。长沙图书馆杨帆、刘令振等诸位同事为此书的整理做了大量扫描、录入的工作,在此一并致谢!

瞿宣颖晚年在中华书局上海编辑所从事古典文献整理工作,成果丰硕。中华书局将《方志考未刊稿》纳入中国出版史研究书系,让方志学经典《方志考》在九十年后合成完璧,实在是一大善事。由于水平所限,整理点校难免错讹,祈请学界同仁、读者诸君不吝赐教!

龙耀华

2023 年 8 月

"经籍志"书系

《鲁迅辑校古籍考》

石祥　著

2024 年 5 月第 1 版第 1 次印刷

ISBN 978-7-101-16586-9

定价 88.00 元

　　本书以文献学的实证方法，考察鲁迅辑佚校录的各种古籍，细绎手稿实物的物质形态与文本，辨析同书多件手稿的先后次序与动态关系，考述鲁迅的工作思路、辑校细节。

《清代刻工与版刻字体》

郑幸　著

2023 年 11 月第 2 版第 1 次印刷

2024 年 2 月第 2 版第 2 次印刷

ISBN 978-7-101-16356-8

定价 88.00 元

　　古籍刻工一直是传统文献学所关注的重要对象。本书在广泛搜集与整理数千条清代刻工题名的基础上，通过宏观与微观两种视角，将刻工群体置于出版、文化、艺术等更为广阔的社会领域中加以考察，并对清代书籍史中的一些重要问题进行了深入探讨。

《中国雕板源流考汇刊》

孙毓修　撰

叶新、郑凌峰、樊颖　整理

2023 年 7 月第 1 版第 1 次印刷

2024 年 3 月第 1 版第 2 次印刷

ISBN 978-7-101-16213-4

定价 68.00 元

　　本书是以现代眼光系统研究版本学的开山之作，至今仍有重要的参考价值。此次除通行本外收录新近发现的稿本与连载本，尽现作者结撰之精思。商务印书馆之涵芬楼名重书林，本书即为其创建者之学术精粹，可称"涵芬楼密码"。

《明代图书官修史》

霍艳芳　著

2023 年 6 月第 1 版第 1 次印刷

ISBN 978-7-101-16212-7

定价 88.00 元

　　本书探讨明代官修图书的组织机构、预修人员、成就及代表性成果的成书经过，总结明代官修图书的特点，揭示其在中国图书编撰史上的地位和影响。有明一代，图书出版进入高速发展时期，私刻坊刻备受关注，本书聚焦官修图书，是对相关研究的有益补充。

《清末白话报刊与文学革命》

张向东　著

2022 年 12 月第 1 版第 1 次印刷

ISBN 978-7-101-15976-9

定价 88.00 元

　　清末的白话报刊，是五四文学革命的先驱。本书全面分析清末白话报刊与文学革命之间的联系，重新认识五四文学革命在清末的萌芽和演进过程。

《烽火遗篇：抗战时期作家佚作与版本》

凌孟华　著

2022 年 9 月第 1 版第 1 次印刷

ISBN 978-7-101-15819-9

定价 78.00 元

　　本书明确提出抗战文学研究的"非文学期刊"视野问题，通过对茅盾、夏衍、张爱玲等名家佚作的搜集、校勘与考辨，拓展抗战文学史料发掘的边界，还原抗战文学的历史现场与原始形态，以期推动抗战文学研究的发展与突围。

《高凤池日记》

叶新　整理
2022 年 8 月第 1 版第 1 次印刷
2023 年 3 月第 1 版第 2 次印刷
2023 年 8 月第 1 版第 3 次印刷
ISBN 978-7-101-15769-7
定价 65.00 元

在近现代出版史上，高凤池是一个被遮蔽的重要人物。本书整理其仅存的日记文献，呈现高氏的平生志业与人格情操，是商务印书馆研究不可忽视的重要史料，亦展现了近代上海的社会图景。

《中华书局的企业制度（1912—1949）》

欧阳敏　著
2022 年 4 月第 1 版第 1 次印刷
ISBN 978-7-101-15596-9
定价 48.00 元

中华书局作为一家有着百余年历史的现代出版机构，拥有丰厚的底蕴与光荣的传统。本书还原民国时期中华书局的企业经营面貌，从产权制度、组织制度、管理制度三个方面，探寻这家百年文化企业的成功奥秘。

出版史书目

《生活书店会议记录1933—1937》，2018年11月第1版第1次印刷，ISBN 978-7-101-13499-5，定价298.00元

《生活书店会议记录1938—1939》，2019年7月第1版第1次印刷，ISBN 978-7-101-13921-1，定价298.00元

《生活书店会议记录1939—1940》，2020年10月第1版第1次印刷，ISBN 978-7-101-14727-8，定价358.00元

《生活书店会议记录1940—1945》，2021年8月第1版第1次印刷，ISBN 978-7-101-15287-6，定价298.00元

《生活书店会议记录1933—1945》（整理本），2022年11月第1版第1次印刷，ISBN 978-7-101-15962-2，定价99.00元

《铸以代刻：十九世纪中文印刷变局》，苏精著，2018年5月第1版第1次印刷，ISBN 978-7-101-11959-6，定价78.00元

《唐大郎纪念集》，张伟、祝淳翔编，2019年10月第1版第1次印刷，ISBN 978-7-101-14112-2，定价68.00元

《中国印刷史新论》，艾俊川著，2022年1月第1版第1次印刷，ISBN 978-7-101-15422-1，定价66.00元

《启蒙·生意·政治：开明书店史论（1926—1953）》，邱雪松著，2022年8月第1版第1次印刷，ISBN 978-7-101-15646-1，定价65.00元

《近现代出版与新知识传播》，复旦大学历史学系、中国近现代新闻出版博物馆编，2023年12月第1版第1次印刷，ISBN 978-7-101-16331-5，定价128.00元

《家园与天下——明代书文化与寻常阅读》，何予明著／译，2019年9月第1版第1次印刷，ISBN 978-7-101-13997-6，定价78.00元

《古籍之为文物》，李开升著，2019年12月第1版第1次印刷，ISBN 978-7-101-14245-7，定价98.00元

《福建历代刻书家考略》（上、下册），方彦寿著，2020年5月第1版第1次印刷，ISBN 978-7-101-14379-9，定价178.00元

《赵昌平文存》（上、下册），2021年5月第1版第1次印刷，ISBN 978-7-101-15164-0，定价260.00元

《古籍书名考》，黄威著，2021年7月第1版第1次印刷，ISBN 978-7-101-15241-8，定价76.00元

《翠微却顾集》，徐俊著，2021年12月第1版第1次印刷，ISBN 978-7-101-15463-4，定价88.00元

《陶庵回想录》，陶亢德著，2022年6月第1版第1次印刷，ISBN 978-7-101-15720-8，定价88.00元

《世界想象：西学东渐与明清汉文地理文献》，邹振环著，2022年11月第1版第1次印刷，ISBN 978-7-101-15843-4，定价78.00元

《整齐世传——前四史人物列传编纂研究》，曲柄睿著，2022年12月第1版第1次印刷，ISBN 978-7-101-16001-7，定价98.00元

《晚清小说戏曲禁毁问题研究》，张天星著，2024年1月第1版第1次印刷，ISBN 978-7-101-16351-3，定价175.00元